跟著錢走，看見不一樣的中國史

何以帝國

上海財經大學教授、財政史專家

劉守剛 著

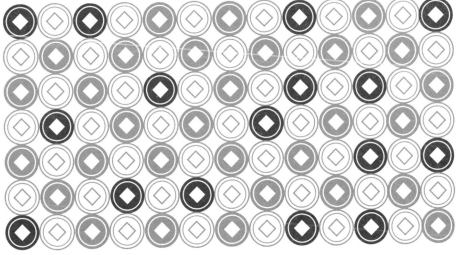

目次

第貳部分　帝國初興

第參部分　帝國成長

第肆部分　帝國成熟

第伍部分 走出帝國

前言

中國已經歷了漫長的歷史，唐宋元明清這樣的朝代更替表國人早已爛熟於心。本書將從財政的視角再看一遍中華史。

「財政」這個詞十分常見，它跟「財務」相對。財務一般指私人對錢財的處理，而財政則是國家對錢財收支事務的處理。那麼為什麼要用財政來做認識歷史的工具呢？

如果看過犯罪推理劇，肯定熟悉偵探們的一個破案手法，那就是跟著「錢」的線索走。只要看誰得到了好處，就能揭開表面看來錯綜複雜的案件謎團。從「錢」的角度，我們也可以看明白歷史深處的一些人和事。

（一）

我先來說一個時間很近的異國他鄉的故事。

一九七二年，美國爆發了「水門事件」。它是美國歷史上十分不光彩的政治醜聞，直接導致了總統尼克森辭職下臺。在整個事件的調查過程中，《華盛頓郵報》發揮了極大的作用。《華盛頓郵報》的記者們是怎麼找到調查的線索的呢？可能你已經知道，他們得到了一位內部人物的幫忙。這位著名的爆料人的身分直到二〇〇五年才被曝光，在此之前世人一直稱呼他的代號──「深喉嚨」。在調查遇到困境，《華盛頓郵報》的記者找「深喉嚨」進一步瞭解線索時，他只提供了一句話。這句話可不得了，它就像拉動厚重幕布的那根繩子，一下子打開了調查的局面。到底是什麼話呢？那就是，「跟著錢走」。跟著錢的走向查下去，追尋錢的線索，最終發現了「水門事件」的真相。

我們再來看看中國歷史上一個著名的瞬間。

南宋名將岳飛站在軍帳前，手裡握著宋高宗趙構要求他班師回朝的十二道金牌。岳家軍剛剛取得了一連串的勝利，現在班師回朝，那就意味著沒辦法鞏固勝利果實，更不可能乘勝追擊了。岳飛仰天長歎：「十年之功，廢於一旦！」後面的歷史我們都知道，岳飛被打入天牢，最終被殺害。過去對這段歷史的解讀，一般都是岳飛精忠報國，秦檜大奸大惡，宋高宗昏庸無能。甚至你還可能曾經唏噓感慨，岳飛的忠心用錯了地方，重兵在握的他要是反了，歷史不就是另外一番樣子了嗎？

但是，如果你從錢的角度再來看一看，就會有新的發現：就算岳飛真的想反，也根本反不了。為什麼呢？雖然在岳飛事件中宋高宗是以一個「昏君」的形象留在歷史上，但是，他延續了宋代開國以來的一個重要制度，這個制度對南宋朝廷的穩固非常重要，那就是嚴格控制軍費統一由中央發放。

把軍費攥在手裡為什麼這麼重要？要知道，在中華史上，每當政局不穩、國運動盪的時候，中央常常因為財政吃緊，軍費壓力增大，就放手讓各地軍閥自己籌糧籌款，解決軍費問題。比如，安史之亂之後的唐朝政府、太平天國時期的晚清政府，都是如此。這麼幹當然能救國於危難，但問題也很大，將領們容易擁兵自重，朝廷可能無法控制軍隊。趙構是不是昏君暫且不論，軍費完全由中央掌控這個決定，確實讓南宋政權得以長期維持穩固。以一一三七年為例，當時，整個中央財政一年從江南苦心竭力取得的收入不過六千萬貫，而供給在北方打仗的岳家軍的軍費就接近七百萬貫。岳家軍的每一份糧草都得靠中央解決，如果岳飛不聽令，朝廷馬上就能斷了大軍的後路。所以你看，理解了這一點，你就不會再去假設，如果岳飛反了歷史會怎樣。

（二）

看歷史有多個角度。你可以從人的角度看歷史的變化，看一個個王侯將相、英雄豪傑、聖賢文人的人生經歷，看個人的意志，看偶然的命運，看個體的奇思妙想與成敗起伏，看誰方唱罷誰登場。你也可以從組織或制度的角度看歷史，看一個個王朝的興衰成敗，看從大內到外朝的權力轉移，看中央與地方的互動博弈，看不同政權的爭霸演化。

然而，不管是個人的活動，還是組織與制度的變遷，背後都有一個根本的約束，那就是錢。「水門事件」也好，十二道金牌也罷，任何一段歷史、一個歷史事實，如果從錢的角度再看一遍，就更能好好理解歷史中的人、組織與制度，才會明白為什麼有的時候會出現風雲際會、激蕩人心的變化，有的時候卻只能換得「讀書人一聲長歎」。

跟著錢走，會打開一個更真實的視角：

錢從哪兒來，又往哪兒去？誰付出最多，誰又坐收漁利？

誰得到了好處，誰又付出了代價？

任何時空裡，考察財富的博弈都可以把歷史撕開一個口子，人們能從這個截面上看到各方力量的角逐，理解歷史向前發展的真實動力。你可能聽說過「一人興邦」的歷史傳說，可你知道嗎，有不少王朝的滅亡，在根子上就早已由財政狀況決定了。帝王將相的賢愚不肖難以改變王朝的命運。你可能知道大多數王朝被推翻時國庫都被耗空了，可你知道嗎，財政方式如果出了問題，有錢有糧也一樣能亡國。你可能一聽皇帝收稅就想到橫徵暴斂，可你知道嗎，輕稅未必就一定有益於民，「正路」不通往往會導致「歪路」的出現，而「歪路」最終不但無益於國，而且有害於民。

營養師會告訴你，「你吃下什麼，就會變成什麼」（You are what you eat）。財政學家會告訴你，國家徵什麼稅、怎麼徵稅，會反過來塑造國家本身。恰當的財政制度會讓官民兩利，讓國家不斷地發展；而糟糕的財政制度，會讓官民兩輸，最後國家崩潰。那什麼才是恰當的財政制度？

（三）

在這本書中，我將以財政為線索重新梳理一遍中國在帝國時期成長的歷史，從錢的角度解釋許多歷史現象，也會探討什麼樣的財政制度才是恰當的，在不同的歷史階段恰當的標準又有什麼不同。

接下來的三十章，每一章的正標題是一個財政事件或財政現象，副標題是一個歷史問題。在闡述時，我將圍繞以下三個線索展開：

第一，財政制度的三個要素，即收入、支出、管理，在歷史時空中是怎樣不斷變化的？對王朝的興衰、帝國的國家治理有什麼影響？

第二，從財政制度變遷的角度看，中國在帝國階段是怎樣不斷成長的？財政作為制度變遷與國家成長的動力，又是怎樣發揮作用的？

第三，體現在財政領域中的強制權力，是如何從相當程度的君主私權，一步步地實現公共化的？為什麼在鴉片戰爭後，中國從帝國向現代國家轉型具有必然性？

我相信，這三十章內容，會有助於人們洞察中華民族艱難成長的歷史，幫助人們把握千百年來帝王將相在歷史舞臺上所言所行背後的財政祕密，並從中看清歷史發展的方向所指與動力所在。

（四）

本書不同於市面上的一些財政史著作，更不是僅憑網路就可以查閱到的、一些只能讓人「知其然」的知識片段。我會挑選財政史上的一些重大事件、重要制度和傑出人物的行為，解釋其中的前因後果，評價它們的得失成敗，指出歷史深處的隱祕，使人能「知其所以然」，對歷史擁有更深入、更準確、更立體的認識，說明讀者理解歷史何以如此、為何不得不如此。

曾經當過奧地利財政部長的思想家熊彼德（Joseph Schumpeter）說過這樣一句話：「一個民族的精神、文化水準、社會結構等，都寫在民族的財政史中。」我希望，藉由從財政出發闡釋歷史的三十章內容，讓人能體會到那股推動民族命運變遷的力量，並能在看待歷史時擁有新的視角，進而打通歷史和現實，多一個理解世界的維度。

1 財政之眼：如何從另一個視角考察中華帝國歷史？

法國藝術家羅丹有一句名言很多人都熟悉，那就是「生活中不是沒有美，而是缺少發現美的眼睛」。在藝術上要擁有發現美的眼睛，需要訓練；從財政角度看一遍中華史，要能因此對歷史現象知其所以然，就需要一些概念與理論。在這一章，我將交付給你一對財政的眼睛，一些從財政視角理解中國歷史必不可少的概念術語與理論工具。

什麼是財政？

財政是一個常見詞，在前言中我說過，它跟財務相對。財務是對個人錢財的收支與管理，而財政則是對國家錢財的收支與管理。國家財政與私人財務在表面上都是對錢財的處理，可在性質上卻有很大的差別。為什麼這麼說呢？

先從兩個故事講起。

《隋唐演義》裡有一個「秦瓊賣馬」的故事，說的是忠義無雙的山東好漢秦瓊秦二哥，到潞州府出差，沒有錢住旅店，只好上街去賣自己的黃驃馬。真是「一文錢難倒英雄漢」。

在傳說中，錢的問題也同樣難倒過那個治水的大禹。有一個版本的傳說是這樣的，說大禹在治水過程中缺乏經費，沒有錢財支持導致無法繼續治水。不過，跟秦瓊不一樣，大禹不需要賣馬，他把天下劃分為九個財政區域，要求每個區域內的部落根據土地出產情況繳納貢物（稅收），甚至為他們規劃好上貢的路線。有一次，大禹在會稽山這個地方召集各部落首領開會，要求他們統一攜帶玉帛作為貢物上繳。有一位部落首領叫防風氏，沒有服從大禹的要求。有人說他開會遲到，也有人說他根本就沒到。總之，他後來被大禹抓住殺掉，以示懲戒。

故事和傳說本身未必是真的，但在缺錢時，平民百姓和君主有不同的處理方式這肯定是真的。那麼問題就來了，為什麼秦瓊沒錢時只能依靠市場交換，而不能靠他的武藝或用手中的金鐧去搶，而大禹缺錢時卻可以依靠強制手段來徵收，甚至不惜殺人呢？答案一句話就能說清楚，大禹要錢是為了治水這個「公共」需要，而秦瓊不是。用財政的術語來說就是，滿足公共需要是財政可以運用強制手段的唯一合法理由。

此處我們已經可以看出國家財政與私人財務的差別了，財政兼具公共性與強制性，而私人財務卻沒有這些性質。因此，我們可以把財政界定為：為了公共需要而運用強制力量獲得並運用錢財的活動。

財政的公共性有一個成長的過程

上面給財政下的定義，也許並不能立刻讓人信服，比如，有人會說，財政的強制性誰都能體會得到，不繳皇糧國稅要受罰甚至要掉腦袋，可怎麼能看出它的公共性呢？自古以來不就是一幫「人上人」為了自己驕奢淫逸的生活，靠暴力向老百姓強制性地要錢要糧嗎？

如果這麼想的話，就把問題想簡單了。沒錯，依靠暴力可以獲得錢財，但暴力並不能使之合法。就像秦瓊如果靠金鐧去搶錢財，就會淪落為連他自己都不齒的強盜。唯一能讓強制成為合法的途徑，就是使被強制者自己也認同這種強制；而被強制者之所以認同，是因為強制力量的運用是為了公共的需要。

在人類歷史的長河中，裝載強制力的國家機器有多種形態，掌握這種強制力的統治者也有不同的表現。在人類發展的初期，公共性可能非常不明顯，讓人只看到強制性；但是，歷史越是發展到現代，這樣的公共性就越發凸顯，強制性反而隱沒在背後。換言之，強制力應該受到公共性的約束，只有到人類歷史發展的後期，人們才會把這一點看得越來越清楚。具有公共性的強制力，我們稱之為「公共權力」。人類的歷史可以看作是一部公共權力的實現史，或者說可以看作統治權不斷地走向公共化的過程，最終使人類實現自我的統治。因此，財政的公共性是逐漸成長起來的，它跟國家的發展階段有關。

◆ 國家發展的三個階段

以往我們考察中國的國家發展階段，總是按不同王朝劃分，再深入討論每一個朝代從初興到鼎盛再到衰亡的過程。這樣做簡單直觀，當然沒錯，但難免有缺失。缺的是什麼呢？缺的是一根金線，用它能把歷史作為一個整體串聯起來，並能用它來探究國家從初興到成熟的內在邏輯，體悟公共權力在其中不斷成長的過程。

基於這個原因，我對中國國家發展階段的劃分，並不按王朝，而是按國家組成要素，將其分成了三個大的發展階段，這三個階段也代表了國家的三種類型。

在我看來，中國國家發展的第一個階段是城邦。從國家這個形態剛剛出現直到春秋戰國之前，都屬於城邦時代。第二個階段是帝國，從戰國到清代，中國屬於帝國時代。第三個階段是現代國家，自一八四〇年之後，中國逐漸走向的就是現代國家。

這樣的階段劃分，依據的是國家組成的必備要素以及支撐點的不同。國家組成的必備要素有人口、土地、公共權力三個，在不同的發展階段，這三個要素的重要性不同，其中發揮最重要的支撐作用的要素可以稱為「支撐點」。依據支撐點的不同，我將國家分為城邦（以人口為支撐點）、帝國（以土地為支撐點）、現代國家（以公共權力為支撐點）這三個階段或三種類型。

先來看城邦。這是國家發展的早期階段，此時的國家基本上是一個個散落的人口聚居點。此時，土地有的是，相比之下人口就顯得特別稀缺。所以，城邦國家的支撐點就是人口。誰能籠絡住更多的人口，誰就掌握了最寶貴的資源，誰就能發展得更好。而所謂發展得更好，標誌就是人口能夠不斷地生存繁衍。城邦的領袖都是什麼人呢？是宗教領袖、家族長輩、軍事首領、特殊貢獻者或者具有特別管理才能的人，總之是一個人群中最具有人格魅力的人在行使公共權力。這樣的公共權力結合了統治權和個人魅力，我們一般把它稱為權威。那自然而然地，城邦時代的公共權力就具有高度的私人性。

再來看帝國。到了城邦後期，隨著人口繁衍，土地相對於人口來說開始變得稀缺，於是對外奪取更多的土地，對內更有效率地使用土地，就成了國家發展的內在需要。這樣，就出現了以土地為支撐點的新國家階段，這就是帝國。這個時候，君主的統治權實際上來自對土地的所有權，中國古人的說法是「打天下者坐天下」，即占有天下土地的人（家族）擁有統治天下的權力。此時統治權和統治者家族對土地的所有權結合在一起，公共權力已開始表現出一定的公共性。我把帝國時期結合了（土地）財產所有權與統治權的公共權力，稱為君權。

最後來看現代國家。到了帝國晚期，事情又開始起變化了。經過長年累月爭奪土地的戰爭，國家和國家之間的領土邊界逐漸確立，土地上附著的人也相對固定了下來。此時帝國很難再依靠向外擴張來獲取土地，於是就用制度來更有效地配置人口與資源，從內部尋求國家的發展成了應有之義。工商業經濟就是以此為背景開始大發展的，這讓整個共同體慢慢超越了農耕經濟的層次。工商業經濟活動高度依賴於個人的努力，這就需要國家用公共權力來確立並保護私人產權關係和自願交易行為，而由君主來行使公共權力的帝國制度顯然無法承擔這樣的使命。於是生活在這片土地上的人們就要求，成立一個經過公眾同意後形成的組織（代議制機構），來行使公共權力。這樣，公共權力就逐漸脫離了統治者個人（家族），轉而由一個經民眾選舉確認的組織來承載，現代國家就出現了。這種結合了代議制組織的公共權力，我把它叫作主權。

以上就是我對國家發展（以及國家類型）的三個階段的劃分，從這三個階段你能看出統治權是怎麼一步一步走向公共化的；從結合個人魅力、家族財產權最終發展到結合代議制組織，從權威、君權發展到主權。統治權的公共化，體現在財政中，就是我前面說的財政權強制性背後的公共性的不斷成長。

從世界範圍看，帝國這一國家類型在中國這個地理空間中構建得極為成功、發展得最為成熟，在中國歷史中，帝國階段延續的時間也因此非常長。在這本書中，我要為你展示，財政各個要素（收入、支出、管理）在中華史中的帝國期間的變化過程，以及財政權在這個階段如何一步步凸顯出公共性，以至於到最後推動國家從帝國走向現代國家。

稅柄的三種形式

前面說了這麼多財政、財政權的事情，貌似有點高深。接下來我換一個更簡單、一般人更熟悉的詞彙，那就是「稅收」。稅收似乎無人不知，就像美國開國元勳富蘭克林說的，稅收和死亡是人世間無可避免的兩件大事。

在財政學中，一般認為稅收是一個現代事物，它的首要特徵是納稅人的同意。納稅人為什麼會同意繳稅呢？這是因為在現代國家中，稅收具有公共性，徵稅權是公共權力，表現如下：在徵收前，會向納稅人說明錢款用在公共事業上，並請求納稅人代表的批准；在徵收和使用過程中，會受到納稅人代表的嚴格監督；在事後，會有審計和問責機制追究稅款的使用。不過這樣的現代稅收，顯然是從古代的雛形成長起來的，所以在研究古代財政時，我按照財政史的習慣把所有的財政收入都稱為「稅收」，把所有的財政徵收行為都稱為「徵稅」。

國家要徵稅，就需要有一個「把手」。靠門把手我們可以打開沉重的大門，徵稅依靠的把手，我稱它為「稅柄」。依靠稅柄，國家才能方便地徵稅。在徵稅過程中能夠運用的「把手」大致有三個，即人口、土地、工商業活動。用這三種稅柄獲取財政收入的活動，我分別稱之為稅人、稅地、稅商。稅人以人口為稅柄，表現為讓人親身服役，或者按人頭徵稅；稅地以土地為稅柄，表現為按土地的面積和等級來徵收糧食或貨幣；稅商以工商業活動為稅柄，表現為針對商品交易額、商人財產、商業活動收益徵稅（徵稅制），或者政府參與商業活動謀取利潤（官營制），或者政府藉由設置許可來向尋求許可的人索取特許費（許可制）。

在中國歷史中，以上三種稅柄實際上都在使用。不過，在不同的國家發展階段，有各自側重的主體方式。

拿城邦時代來說，國家以人口為支撐點，運用稅柄的方式主要是稅人。西周時期的周天子，主要的財政收入就來自千里王畿內民眾的親身服役。這種親身服役有很多種形式，在財政史上通常統稱為徭役。比如，民眾自備武器為周天子打仗，就是服軍役；民眾為周天子耕種公田，是服勞役；民眾為周天子建造公共工程，就是服力役等。當然，周天子還會向諸侯國或臣服部落集體性地收取貢物，這實際上也是稅人的一種方式。

到了帝國時代，稅柄的主要運用方式就是以土地為支撐點來稅地，比如依照土地面積，在區分土地等級的基礎上，以實物或貨幣形式徵收田畝稅。中華帝國時期的稅地，將是這本書的主要內容。到了現代國家，稅柄運用的主要方式顯然是以公共權力為支撐點來稅商，尤其是實行其中的徵稅制。中國走向現代國家的過程，在財政上就是確立以工商稅收為主體收入形式的過程。

不過我要提醒的一點是，以上說的國家發展階段與稅柄運用形式只是大致對應，不是唯一的。在接下來的章節會說到，中華帝國以稅地為主要的收入形式，但有時也會嚴重地依賴稅人或者稅商，或者採用某種混合的形式。只不過，稅地在理念上，始終是中華帝國的正統財政收入形式。

小結

本章的內容是為你安裝一雙財政之眼，用來考察中華帝國的興衰史。在接下來的章節中，我將運用這些概念和理論，幫你從財政視角再看一遍中華國家史上的帝國階段。你會看到，稅人、稅地、稅商在歷史上是怎麼變遷的，以及其中財政權的公共性如何表現。在每一個發展階段，各路歷史人物都在不斷地尋找合適的財政形式，他們的行為脫不開財政奠定的基本格局，由此也註定了中華帝國在歷史上的各種輝煌與晦暗時刻。

本章有以下內容值得重點關注：

一、公共性和強制性是國家財政區別於私人財務的兩個性質。滿足公共需要是財政可以運用強制手段的唯一合法理由。

二、人類的歷史就是一部公共權力的實現史，統治權不斷地走向公共化就是人類最終實現自我統治的歷史。運行在財政領域的公共權力就是財政權，統治權的公共化表現在財政上就是財政權的公共化。

三、國家由三個必備要素（人口、土地、公共權力）組成，在國家的不同發展階段，這三個要素的重要性不同。按起最重要支撐作用的要素（支撐點）的不同，國家的發展階段可分為城邦（支撐點為人口）、帝國（支撐點為土地）、現代國家（支撐點為公共權力）。

四、按稅柄來劃分，國家財政獲取收入的方式有稅人、稅地、稅商三種，分別形成城邦、帝國、現代國家的主體收入形式。但在國家的某一個特定發展階段，可能會有多種形式的混用。比如在中華帝國時期，以稅地為主體且形成正統收入形式，但稅人、稅商也在運用，甚至有時非常重要。

第壹部分　走向帝國

從稅人到稅地，
依託土地成為帝國。

2 初稅畝：為何說它標誌著中華向帝國轉型？

我們在中學歷史課本上學過一個名詞叫「初稅畝」，它說的是春秋時期發生在魯國的一個財政事件。在中學歷史課堂上，這樣的歷史事件可能一帶而過。但在這裡我要說的是，以「初稅畝」為標誌的事件不僅是財政制度的一個重大變化，而且還是中國的國家發展階段開始轉型的標誌；這樣的財政收入形式變化並非一次就完成了，而是成為後世中華帝國財政追尋千年才實現的目標。

初稅畝標誌著從稅人向稅地的轉型

「初稅畝」的大體內容是說，在過去，農民既要耕種「公田」，又要耕種「私田」，其中公田出產的糧食歸國君，私田出產的糧食歸農民自己。從經濟性質上說，國君獲得的公田糧食實際上是農民提供的勞役地租，當時的說法叫「借民力以助耕公田」，在上一章我把它命名為「稅人」。可是到了後來，由開墾荒地形成的私田越來越多，而民眾則越來越抵制在公田上提供勞役，幹活越來越不賣力。於是，在西元前五九四年，魯國國君宣布實行「初稅畝」，要求農民不管耕種的土地是公田還是私田，每家每戶都要根據實際占有的土地面積（區分等級）繳納田稅（糧食）。實際上，不僅是在魯國，在此前後其他諸侯國也大多發生了類似的事件，比如晉國的「作爰田」、鄭國的「作丘賦」。

在財政上，魯國實行初稅畝意味著每家每戶都可以實際占有自己耕種的土地，只需要按照土地面積納稅即可。在當時，按土地面積納稅被稱為「履畝而稅」。「履」的意思是鞋子，「履畝」就是依靠跨步子丈量土地。在西周，寬一步、長一百步為一畝（古代左右腳交替前行一步為「一步」，相當於現在的兩步），商鞅變法前後改為長兩百四十步為一畝，且一步為六尺。

「履畝而稅」的初稅畝為什麼這麼重要，以至於我把它當作國家轉型的標誌呢？

在今人的想像中，土地是財富之母，農耕時代按土地面積徵稅（糧食）既合理又公平，所徵即所出，而且財政負擔還落到了有能力的人身上，田畝多者納稅也多。不過，如果你基於當時人的處境想像一下，履畝而稅實在是一件大事。因為它意味著必須在丈量土地的基礎上才能徵稅。可丈量土地，需要有高度的技術和複雜的管理。你想，要動員人力來跨步子丈量，要加以記錄匯總，要管理土地檔案並及時加以調整。在丈量的基礎上，還要再由基層官吏根據檔案中的土地面積計算稅收、稱量糧食。為此需要有大量的人員可以動用，要有非常複雜的官僚機構來具體操作，用今天的話來說，這意味著國家統治權要能夠深入社會之中。

在西周初年，要執行「履畝而稅」，條件根本達不到。在那時，人口稀少而土地豐富，廣袤的中國大地上散布的都是一些稀稀落落的人群聚居地。一方面，周天子不得不承認原來的一部分人群聚居地為「諸侯國」，給原來的首領加以封號；另一方面，他又讓自己的近親近族向東方進行武裝殖民，以新封諸侯的形式在交通及戰略要地建立聚居地。因此，除了部分地區（如王畿）外，絕大多數諸侯國都呈點狀分布，由一座（少數可能超過一座）城邑及其毗鄰的土地構成。

在這樣的諸侯國內，最初建立的是怎樣的財政制度呢？傳統的說法是「井田制」。由諸侯或更低級貴族將可耕地分配給農民（一夫授田百畝），或者認可農民自己開墾的荒地，由此形成「私田」。私田出產的糧食用來養活農民自家。再由八家農民集體共耕「公田」百畝，其收穫物以祭祀所用為名，上繳給諸侯貴族，形成財政收入。八塊私田、一塊公田，組成「井」字形；四周為私田，中間為公田。不過今天的學者認為，由於山川、河流、地形等原因，很少有土地能夠以井田形式來劃分，因此井田制應該是對當時村社共同體共有共耕土地制度的一種反映。就是說，當時農業生產活動和村社內部事務由村社集體承擔，村社成員還要集體為諸侯貴族無償耕種部分土地（即公田），並上繳該土地上的收穫物。除此之外，村社成員還要為建造公共工程或打仗，無償提供力役或軍役等。在「財政之眼」一章，我曾說過，這樣的財政收入依託於人口而徵收，因而稱為「稅人」。

不過，在原來的基礎上，人口慢慢繁衍，這就對耕地資源產生了越來越大的壓力。於是，大量的人口紛紛湧向未曾開發的土地，開墾出許多不用承擔財政義務的「私田」。而且，此時開始使用鐵器，耕作技術、勞動技巧得以改進。在這樣的條件下，生產效率越來越取決於勞動者使用生產工具的努力程度。原先在公田上向領主提供勞役的集體耕作制度，日益顯得落後，勞動者積極性不高。這一狀況，在古代典籍中就是「民不肯盡力於公田」。而在公田上集體勞動時不積極的農民，在給自家私田幹活時卻非常起勁（「今以眾地者，公作則遲，有所匿其力也；分地則速，無所匿其力也」）。

在諸侯貴族們看來，封地內所有的土地都應該是自己的，都可以徵稅。可是在井田制度下，大量私田不用繳稅，用來作為財政義務的公田，民眾又不願意好好耕種。於是類似於「初稅畝」的改革舉措就是應有之義，呼之欲出了。他們宣布土地不再分公田與私田（「通公私」），民眾一律按土地出產以固定比例繳納糧食。按照黃宗羲在《明夷待訪錄》中的說法，上田出產按十分之一繳稅，其他田地根據土地等級按遞減比率繳稅（「相地而衰徵」），這就是「稅地」。可見，「初稅畝」代表了財政收入形式從稅人向稅地的變化。

◆ 初稅畝標誌著從城邦向帝國轉型

「初稅畝」除了是財政收入從稅人向稅地轉型的標誌，還標誌著中國從原來以人口為支撐點的城邦開始轉向以土地為支撐點的帝國，中華帝國由此開始形成。為什麼這麼說呢？

前文提及，構成國家的必備要素有三個（人口、土地、公共權力），不同階段的國家對這三個要素的依賴性不一樣，根據依賴的最重要要素（即支撐點）的不同，國家可分成三類：城邦、帝國、現代國家。

西周初年周天子宣布：「溥天之下，莫非王土；率土之濱，莫非王臣。」不過從後世眼光看，這樣的說法純粹是周人對天子權力的一種誇張。正如前面說過的，在地廣人稀的土地上，周天子也好，各諸侯也罷，並不能對土地實行有效的管理。那時候君主要統治，就只能控制人口，財政收入也只能是稅人。君主不管想幹什麼，都必須在人身上打主意，獲取人的親身服務（公田的勞役、戰時的軍役、工程中的力役）。

在西周初年，依據國君與所統治人口的親疏關係，形成了三類不同的被統治群體。第一類是國人，他們住在城池裡（或近郊地區），平時耕種國君分配的「份地」，承擔的義務主要是軍役，其他財政負擔很輕，還有一些政治特權如獲得官學教育等。第二類是野人，他們一般居住在離城邑有一定距離的地方，是主要的農業勞動者，財政負擔重（在公田勞作並上繳土地收穫），但沒有服軍役的義務，也沒有政治上的特權。第三類是夷人，他們未被納入統治，當然也沒有財政義務，到後來要麼慢慢地被同化成為野人，要不然就被迫向四境遷移。

到春秋戰國時期，在人口不斷繁衍、生產效率取決於勞動者努力的前提下，諸侯國統治者藉由「通公私」、「初稅畝」等制度改革，初步建立起以土地為支撐點的帝國。在此方面最為重要的特徵，就是把國家共同體對土地和人口的支配權，落實到君主個人及其家族身上。就是說，以君主的個人所有制（或君主家庭所有制）形式，來實現國家共同體對土地（及附著人口）的支配權，國家的公共權力借由君權來表現自己。當然，由於國君不可能親自管理龐大的領土，於是發展出科層制、郡縣制等制度。在底層，國家經「通公私」將土地配置給一家一戶的小農來耕種，由農戶家庭自主決定土地耕種和收穫過程，然後再藉由「初稅畝」等方式實現「履畝而稅」。在當時的歷史條件下，這種以君主所有及個人負責的產權制度與政治制度，在效率上優於城邦時代的共有共用制和等級領主制。

當然，由於以土地為支撐點，帝國除了對內要經由制度變革（即春秋戰國時代我們耳熟能詳的各種「變法」）來提高土地使用效率和國家制度運行效率外，還要向外擴張，甚至不惜發動慘烈的兼併戰爭。特別是到了戰國時代，殺人盈城、殺人盈野的場景，一再出現，直到秦滅六國。秦始皇建立統一帝國後，一方面到處立碑聲稱「六合之內，皇帝之土」，「人跡所致，無不臣者」，另一方面頒布法令，「令黔首自實田」，宣布不管以前土地狀況如何，只要到官府去登記自己所占據的土地、按土地數量納稅，國家都認可。秦始皇的做法，事實上完成了「初稅畝」所標誌的國家由城邦向帝國的轉型。

由此可見，「初稅畝」的實行不是一個簡單的歷史事件，它標誌的不僅是財政收入方式的變化，而且是整個國家發展階段轉型的開始。從此，君主可以以擁有天下所有土地的產權為基礎，再以恩惠的名義把土地配置給民眾使用，以此取得統治民眾並「履畝而稅」的合法性。「打江山者坐江山」這句口號，著實反映了接下來延續兩千多年的帝國特徵，即借助占有全天下土地，來獲得對土地上人口的統治權。

◆帝國千年才真正實現「履畝而稅」

「初稅畝」之後，真的就實現了按土地面積來收稅嗎？當然不行，「履畝而稅」的困難在帝國初期一直存在。可以說，中華帝國為了實現按土地收稅，努力了上千年。

前面說到「履畝而稅」在現實執行時的技術因素和管理難題。比如土地丈量問題，在土地廣袤、地形複雜、基層機構簡陋、官吏人數極少、絕大多數人口不識字的情況下，要做到準確丈量田畝幾乎是不可能的。還有帳冊管理難題，即使完成了土地丈量，還要把日常土地買賣流轉資訊及時登記在帳冊上，官府才能據實徵稅，在當時條件下也難以做到。

面對現實中的這些困難，要實行「履畝而稅」就不得不採取變通的辦法。從秦漢直至唐初，大致的辦法是，國家給民眾按人口或者丁口（即成年男子）分配土地，大致上「一夫授田百畝」，然後國家再按人口（丁）數徵稅。由於在制度上每個人（丁）都有土地，所以對人徵稅跟對土地徵稅大致等價，但對人徵稅在技術上和管理上要簡單得多。這是因為在古代比較嚴酷的生存環境下，人總是呈集中居住的狀態，清點人頭在技術上比較簡單；而且自戰國以後，國家對人口的管理也比較好，帳冊相對齊全。在歷史上，漢代的授田制、北魏的均田制、隋唐的均田制，其實大都是藉由對人授地、再依人徵稅來變通實現「履畝而稅」。這樣的變通辦法，實際上也是城邦時代以人為稅柄與帝國時代以土地為稅柄的一種混合形式。

不過，變通辦法要能行得通，還需要有一個重要的前提條件，那就是國家手中要有大量的土地可用來授田。一旦這個條件不具備，人口無法獲得土地或者因為某種原因失去了土地，這時對人口徵稅就不再等價於對土地徵稅。如果民眾沒有土地、沒有用來從事生產的資料，國家還要按照人口數徵稅的話，民眾是沒辦法承擔的。在這種情況下，對民眾來說，最佳的逃稅手段就是逃亡。漢代歷史上流民的產生，大多就是這個原因。

到了唐代中期（780），楊炎實行兩稅法改革，其實也是為了直面這樣的問題。楊炎改革的具體情況，我到後面章節再說。大致說來，在兩稅法之後，國家就不再負擔為民眾授田的責任，只根據民眾實際占有的田畝數，每年分夏、秋兩次徵稅。對民眾來說，田畝多，就多繳稅；田畝少，就少繳稅；沒有田畝，就不繳稅。所以，到唐代兩稅法之後，才真正地在制度上確立起「履畝而稅」。

那是不是說兩稅法之後，「履畝而稅」的帝國財政理想就實現了呢？應該說，從制度理想到現實操作仍有一個逐步落實的過程。比如後世財政史上的「千步方田法」、「經界法」等，解決的是土地丈量問題；青苗簿、魚鱗冊等，解決的是土地帳冊管理問題。由此，技術與管理問題在一定程度上解決了，唐代以後中華帝國又能維持千年，可以部分歸功於「履畝而稅」的相對成功。不過，特權集團藉由瞞報土地偷稅漏稅，大大小小的官吏在徵稅過程中貪污腐敗、中飽私囊，又成為帝國財政管理的難題，這些問題我到後面的章節再說。

小結

春秋時期魯國實行了「初稅畝」，其他諸侯國也實行過類似的改革。這些改革，不僅意味著中國古代財政收入形式的變化，即從以人為稅柄轉為以土地為稅柄，更重要的是，它們是兩千多年中華帝國國家類型誕生的標誌。此後，中華帝國在財政實踐中就是致力於實現「履畝而稅」，即實現以土地為稅柄的帝國財政理想。

本章有以下內容值得重點關注：

一、西元前五九四年，魯國實行「初稅畝」，要求老百姓根據自己占有的土地面積繳稅，這既是財政收入形式的變化標誌，也是中國開始從城邦時代向帝國時代轉型的標誌。

二、城邦時代的中國，以人口為支撐點，統治者把人口劃分為國人、野人、夷人三類，從前兩類分別獲取親身服役的財政收入，努力同化或驅逐第三類。到帝國時代，則以君主擁有土地產權為基礎，以君主恩惠的名義把土地配置給民眾使用，以此取得對統治民眾「履畝而稅」的合法性。

三、「履畝而稅」的財政理想，貫穿於中華帝國整個時期。在唐代中期兩稅法之前，主要的困難在於土地丈量和帳冊管理；在兩稅法改革之後，主要的困難在於特權集團偷稅漏稅、大小官吏貪污中飽。

四、從秦漢一直到唐代初期，大多採取先授田再按人口（丁）徵稅的辦法，變通實現稅地，直到唐代兩稅法改革後，才真正在制度上確立起按土地面積徵稅。

3 商鞅變法：為什麼說它是帝國的奠基工程？

說到中華帝國和帝國財政，有一個人和一個事件不得不提，那就是商鞅和商鞅變法。在中學歷史課上，我們就知道了商鞅這個人，也都知道是商鞅變法讓秦國由弱變強。後來秦國之所以能統一六國，離不開商鞅的功勞和變法的成果。對於商鞅，有許多人不吝讚美之詞，甚至為他的遭遇流下同情的熱淚，但也有不少人嚴厲地譴責他的所作所為，徹底否定他建立的制度。甚至到今天，對商鞅的評價依然兩極化。

我們先從帝國財政的角度看看商鞅做了什麼事，再來說說他是一個怎樣的人，以及該如何評價他的變法。

體系化的變法

在中國古代史上，你一定聽說過很多財政改革者的名字，如桑弘羊、楊炎、張居正。在相當程度上，這些人都只是在已有的帝國財政制度上修修補補，可這樣的制度又是怎麼來的呢？春秋時期，以「初稅畝」為標誌的帝國財政制度，在諸侯國中不斷出現，但將這些制度加以完整構建，並設法使其在現實中有效運轉起來，商鞅的功勞很大。

西元前三五六年和前三五〇年，在國君秦孝公的支持下，商鞅在秦國發動了兩次變法活動。變法的過程和許多內容，已是今天中國人耳熟能詳的名詞，像「徙木立信」、「廢井田」、「開阡陌」、「統一度量衡」、「編戶齊民」等。不同的人解讀商鞅變法，側重點不同。我個人的看法是，從中華帝國財政的角度看，商鞅變法最大的特點是三個字：體系化。

什麼叫體系化？我們知道，士兵要組織起來才有戰鬥力，制度要成體系才能有效地運轉。商鞅變法，就是堅持了體系化的原則。它既有組織基礎的支撐，還綜合考慮了財政經濟、行政制度、文化教育等體制結構，使它們相互補充、彼此配合。此外，在組織基礎和體制結構的背後，還有價值取向的指導，並為當時秦國的變法進行了有力的辯護。

先來看看組織基礎和體制結構。

就組織基礎而言，國家治理的物件是人，只有把人組織起來才能實現治理的目標。商鞅在秦國原有的國家組織基礎上加以變革，形成了在戰國時代頗為有效的民眾組織和統治集團組織，為秦統一六國及後世創建帝國奠定了組織基礎。

比如，商鞅兩次變法都進行了戶籍制的改革。他把全國範圍內的人口都登記在官府的戶籍簿中，登記時要把姓名、身分、籍貫、性別、婚姻狀況、身體自然狀況都記錄在內，還要登記家庭財產，這些都成為後來徵稅的基礎。商鞅還建立起什伍連坐制度，就是在最基層實行十戶人家為一什、五戶人家為一伍的組織形式，要求相互監視、檢舉不法行為，對不告奸甚至有意藏匿的人給予懲罰。這樣的鄉村基層組織，到了後世的朝代大多得以保留或在此基礎上加以改進，如漢代的鄉里什伍制、唐代的鄉里保鄰制、宋代的保甲法、明代的里甲制等。

看起來商鞅在組織上對民眾挺狠，其實他對統治集團也狠。任何政治共同體都必然存在著統治者，統治者組成的統治集團在政治上占主導地位，掌握著政治權力，決定了國家的治理能力和民眾的生存狀況。因此，統治集團的組織形式與效能，直接決定了一個國家的發展狀況。商鞅在變法過程中，主要運用軍功爵位制將秦國統治集團組織起來，以便有效地統率民眾參與那個時代國家之間的生存競爭。商鞅的軍功爵位制規定，宗室與貴族的子弟除長子可繼承爵位外，其他子弟沒有在戰場上立下功勞，就沒有爵位；有了軍功才有爵位和名利。這樣，軍功爵位制成了國家分配名利價值與權力資源的工具。正因如此，在七國之中，秦國統治集團組織得最為高效，行政效率及官吏清廉度亦為各諸侯國之最。軍功爵位制在漢初仍得以保留，但這一戰爭時期的制度畢竟不適用於和平時期，於是在統一帝國時期逐漸發展為官、爵分離制度，即「官以任能、爵以賞功」的統治集團組織形式。不過，組織形式的變化並沒有改變軍功爵位制所包含的績效導向的組織精神，這種精神比起封建制時期的血緣原則顯然更符合帝國官僚制發展的要求。

除了組織基礎外，商鞅還在秦國組建了完整的體制結構，涵蓋財政經濟、郡縣行政、文化教育等方方面面。

在財政經濟方面，糧食、布帛、人力等實物性財政資源是決定戰爭成敗的關鍵。商鞅在此方面的變法，就是要構建起以戰爭為導向的實物財政運行方式。他藉由「廢井田、開阡陌」，即廢除公田、鼓勵開荒、肯定私田等措施，進一步鞏固以初稅畝為代表的財政制度變革成果，以提高小農家庭的生產積極性和財政收入的能力。在此基礎上，他實行重農抑商，用獎勵農民爵位與免除徭役的方式，來鼓勵老百姓多生產糧食與布帛，並且對商業活動徵收重稅、對商人加重徭役，以使所有人都從事耕戰。他還讓耕戰措施形成良性迴圈，就是用耕作來養戰，以戰來促農。耕作能養戰，因為農地耕作可以帶來充作軍資的糧食和作為戰力的樸實士兵；而戰又可促農，因為戰爭會消耗民力、財力、物力，為了生存，民眾不得不再次努力從事農業生產。

除了財政經濟外，他還在郡縣行政和文化教育等領域進行制度改革。比如，商鞅廣行縣制以取代分封，這為後來秦始皇實行「廢分封、行郡縣」奠定了基礎。縣令和縣丞由中央直接任免、調任、升遷，不能終身在一地任官，更不許世襲，這樣就能把過去分散的地方權力有效地集中到君主手裡，加強了中央在制度上的集權，奠定了後世帝國的基本地方行政結構。在文化教育體制方面，商鞅變法的核心內容為「燔詩書而明法令」，認為詩書禮樂這樣的傳統文化無助於國家治理，而改用農戰和法制作為教育民眾的手段。「以法為教、以吏為師」成為秦國乃至秦王朝明確的教育政策。

到後世帝國，商鞅開創的財經體制基本上得以保留，如君主擁有產權但由私人占有的土地制度、重農抑商的做法和統一度量衡的措施等。特別是重農抑商，這本來是商鞅這樣的法家學者的主張，但後來卻成為儒家思想的核心內容，並進而成為帝國的正統財政思想。地方政府體制在後世帝國保留得更多，縣作為地方治理的基本單位保持了近兩千年的穩定。文化教育方面，「燔詩書而明法令」的做法雖然在漢代調整為「罷黜百家、獨尊儒術」，但由政府出面對民眾進行教化的精神實質並未改變，後世更因科舉制的確立而將教育機制、選官機制與政治社會化過程高度融合在一起。

變法背後的價值觀

商鞅變法為什麼能奠定百代都奉行的制度體系？關鍵在於他的變法措施背後，有一套價值觀來做指引。從今天的眼光看，商鞅的價值觀比較現實，從實然政治而非應然政治出發，因此能夠有效地支持帝國制度體系的運行。

首先，在人性基礎方面，商鞅肯定「利己」，反對墨家的「兼愛」。在墨子看來，當時秩序混亂、戰爭頻發的根源在於人的自愛與自利，因此認為「兼相愛、交相利」才是解決社會紛爭最有效的途徑。商鞅覺得，墨子推崇的「兼愛」，不是人性的真實狀況，實際的人性是「生則計利，死則慮名」。而人性好利並不是壞事，國家可以藉由制度化的「賞罰」措施來引導民眾的行為。因此，商鞅主張制度建構和國家治理以利己為人性基礎，因勢利導。

其次，在歷史觀方面，商鞅反對儒家的退化史觀，提倡進化史觀。以儒家為代表的學者持有一種退化的歷史觀，認為今不如昔，因此主張拯救當時天下大亂局面的關鍵是恢復三代的制度。商鞅認為，歷史是在不斷地向前發展的，應該徹底拋棄「今不如昔」的範式，轉而採用進化史觀。商鞅正是以此為基礎極力主張變法，認為「治世不一道，便國不法古」，並為此建構出未來帝國的制度雛形。

再次，在治國方略方面，商鞅提倡「法治」，反對儒家的「德治」。面對當時的大爭之世，儒家主張恢復禮制、以德治國，統治者應該用自己的道德品質與實際行動樹立榜樣，達到引導和重建社會政治秩序的目的。商鞅認為，只有法才能定分止爭，才能有效地管治民眾。所以在他看來，在戰爭頻繁的時代，德治不能幫助秦國迅速崛起，依法治國才是讓秦國強大的唯一道路。

最後，在對外戰略方面，商鞅提倡積極參與競爭，反對道家的「與人無爭」。道家認為，列國紛爭是因為人們沿著「有為」的道路行事，因此主張要無為、無爭，保持小國寡民與不相往來的狀態。在商鞅看來，這是一個弱肉強食、武力征伐的時代，只有用戰爭才能消滅戰爭，非積極參戰並取得勝利就不能稱王天下，甚至可能會因此亡國。

商鞅闡明的價值取向，為當時秦國的變法進行了有力的辯護，也為後世兩千年帝國制度的設計與運行奠定了基礎。不過，以商鞅為代表的法家思想所包含的價值取向，畢竟過於嚴酷。秦亡漢興的結果，使得漢初統治者逐漸採用儒家價值來柔化法家制度。但是，法家所採用的價值取向畢竟是帝國制度的內在要求，因而始終隱伏在後世帝國制度運行之中，構成「明儒暗法」的基本價值取向以及禮法融合的制度精神。

立法者商鞅

自古以來的財政改革可以分為兩種。一種是自弱型，就是越改國家越弱，比如後面會說到的南宋統治者不斷變動稅商措施來盤剝民眾；另一種是自強型，即藉由制度改革讓國家越來越強，比如商鞅在利己人性觀基礎上採取的各種變法措施。

商鞅的自強型改革，讓秦國強大，這麼大的功績，在後世為什麼會有毀譽兩極分化的評價呢？在戰國時期，商鞅的名聲還算不錯，最多有人指責他個人有道德缺陷，比如說他欺騙老朋友魏國的公子卬，約人家在兩軍陣前私聊，卻趁機俘虜了他。可到了漢代，就有人抨擊他提倡的治國方案缺乏德性基礎，要為暴秦二世而亡負責。當然，此時還是有人肯定他在富國強兵方面的貢獻和改革的勇氣。越到後世，就有越多的學者不提商鞅的功績，而只抨擊他的個人品質和所構建制度的道德問題。尤其在推崇人心高過利益的程朱理學占據上風之後，更是如此。一直到了清末，中國在向現代國家轉型之際，肯定商鞅變法的聲音才多了起來。但同時也出現了另外一種聲音，近年來甚至有增強的趨勢，那就是按照現代民主價值觀來抨擊商鞅變法中所包含的專制主義色彩。

在今天，我們該如何評價商鞅呢？一方面，我們當然應該認識到他的變法方案有缺陷，秦制缺乏價值基礎也是早在漢代統治者就已認識到的，並因此重構出明儒暗法的帝國制度；到了現代，商鞅思想中明顯與現代價值觀不合的專制主義也確實顯眼。另一方面，即使考慮到這些缺陷，我們仍可以將商鞅定位為「國家轉型時期的偉大立法者」，將商鞅變法肯定為帝國制度的奠基工程。

為什麼這麼說呢？先從什麼是立法者說起。法國思想家盧梭對此做出了回答。在他看來，真正的法律必須是民眾為自己制定的，如此民眾才是幸福而自由的，這樣的法律體現的也必然是公意。但問題是，特定時空中的人群對於公意的判斷未必是明智而正確的，「人永遠是願望自己幸福的，但是人民自己並不能永遠都看得出什麼是幸福」，如此才需要立法者的出現，讓民眾認識自己真正的願望，為他們發現能適合於各個民族在當時的最好的制度規則。

商鞅扮演的就是盧梭說的立法者角色。春秋戰國之交的中國，需要有一種新的制度類型來處理人與自然的關係，以便為人贏得最大化的生存機會。在那時，以土地為支撐點、以所有權與統治權合一的君權為核心來構建帝國，是時代的內在要求，目的在於說明現有的人口對外奪取額外的土地、對內採用更有效率的激勵制度。這樣一種歷史的要求，事實上就是盧梭所謂的「公意」；這樣的公意對於那個時代的人群個體來說，只能模糊地感覺到，卻未必能準確地表達出來，或者即使能表達出來，也未必能予以實施。正因如此，秦孝公與商鞅這對明君賢相的因緣際會，在秦國發動大規模變法，事實上就是在執行公意，為整個中華帝國立法。

那麼，商鞅是不是像有人抨擊的那樣，是一名幫助自私君主荼毒天下的幫凶呢？確實，這樣的幫凶在歷史上比比皆是，商鞅的許多說法和做法也確實可以這樣去理解，或者被後世君主這樣利用。但作為帝國來臨時代的立法者和偉大的政治家，商鞅並非如此簡單。事實上，商鞅贊成的是用帝國時代具有合法性的君主專制手段，為那個時代人群的生存服務，而不是單純為君主的私心效勞。他堅決反對君主私天下之利，明確聲明君主應該「為天下人位天下」，「為天下治天下」。

商鞅變法奠定的帝國制度當然是專制制度，但要從立足於偶然與任性的國家制度形成中看到其中的合理性。要看到，人類所有的民族，在脫離城邦後都在走向專制帝國。它肯定不是單純由某個人的自私之心或邪惡欲望造成的，而是包含著歷史合理性，那就是帝國制度在特定時期有利於人的生存需要。拿今天現代國家的標準，去衡量歷史上的帝國，犯的是時代誤置的錯誤；但在今天若想恢復秦制，那又是開歷史的倒車。因此，今天我們說商鞅，不是要恢復商鞅變法中那些不適用於現代國家的思想和做法，而是要體會在國家轉型的偉大時代需要有偉大的立法者這一根本性的歷史要求。

小結

「初稅畝」只是中華國家向帝國轉型的一個財政標誌，真正為帝國奠基的是商鞅變法。百代都行秦政法，作為立法者的商鞅，他鑄造的帝國制度體系，沿用了兩千多年。

在本章中，以下幾個方面值得重點關注：

一、商鞅變法最大的特點，是堅持了體系化的原則，在有效的民眾與統治集團組織基礎上，建立起完整的體制結構，包含財經、行政、文化等諸多方面。

二、商鞅在一套實然政治的價值觀指引下實施變法，這樣的價值觀包括：肯定私利為人性的基礎；主張進化的歷史觀；認為法治優於德治；推崇對外的積極競爭。

三、商鞅及其變法措施是有缺陷的，特別包含了不容於當下的專制主義思想。但是即使考慮到這些缺陷，也不得不承認商鞅是中華國家在帝國來臨之際的偉大立法者。

第貳部分　帝國初興

舍地而稅人，
在帝國本性與管理能力之間兩難。

4 輕田租：為什麼漢初減稅沒有想像中美好？

在有關中國古代的歷史書上，有一個不絕於耳的說法，鑑於秦代橫徵暴斂的教訓，漢初統治者採取與民休息的政策，實行「輕田租」，大幅減少田租（又稱田賦）的徵收。藉由「履畝而稅」收取的田租，漢高祖劉邦把它的比例從秦代的十稅一降到十五稅一，到文帝、景帝時期降到三十稅一，其間甚至有很多年不收田租。歷史學家呂思勉先生說，這樣大規模的減稅措施，在中國歷史上就發生過這麼一次。近些年來，有不少財政學者紛紛運用這一歷史經驗來鼓勵和稱讚政府的減稅行為。

作為納稅人，恐怕沒有人不喜歡減稅。可是，個體的理性有時可能導致集體的非理性，減稅這種對單個納稅人有利的事情，對國家整體來說卻有可能是一場災難。西漢初年的這場減稅行動，雖然在歷史上有積極的意義，但卻沒有我們想像中那麼美好，因為它最終把稅負落在了沒有能力的人身上，引發了更大的危機。

不能把稅收看成單純的掠奪

在清代學者沈德潛編選的《古詩源》一書中，開篇詩作是《擊壤歌》：「日出而作，日入而息。鑿井而飲，耕田而食。帝利於我何有哉？」這首中國人熟悉的詩，反映了很多人骨子裡對無政府無稅收的想像。可是，如果沒有政府出面行動（「帝利」），社會中就會有流氓的滋擾，有土匪的打劫，更會有北方游牧部落的入侵，傳說中唱這首詩歌的老農也就不可能有快樂的生活了。所以，我們不能把稅收單純看作統治者對老百姓的剝削與掠奪。繳稅的目的，是為了讓國家能夠做它應該做的事情，履行公共的職能。說到底，國家是為了人的生存與繁榮才存在的。當然，如果統治者徵稅比率過高、徵收方式不當，或者把稅收純粹用在自己身上，那確實是剝削。但剝削性並不是稅收的本性，公共性才是。

前面說過，帝國這種國家類型，是人類在特定時期的一種創造，它的制度安排是將土地的所有權交給君主，讓他借此建立統治權，以君主個人積極對自己和家族負責，來達到治理整個國家的目的。在帝國時代，君主代表國家出面徵稅，不應該也不能說是把天下所有的利益都奉獻給了他一人。唐代大臣張蘊古跟唐太宗說：「故以一人治天下，不以天下奉一人」，說的就是這個意思。雖然不是所有的君主都一直這麼做，但在帝國理念上卻都是這麼認為的。所以將「惟以一人治天下，不以天下奉一人」作為座右銘的雍正皇帝才說：「上自郊廟、社稷祭祀大典，下至百官之俸、吏役之需，外而兵丁之糧餉，河防之修築，何事不取資於國帑？」上到祭祀費用，下到官吏俸祿，對外軍費錢糧，對內水利治理，哪一件事情不要財政花錢呢？

減稅固然讓人高興，可如果因為減稅，田租很輕導致國用不足，秩序沒人維護，水利沒人維修，受災無人賑濟，那最終受損的還是老百姓。正如雍正皇帝所說：「經畫不周，以致國用不敷，必反致於重累百姓。」

漢初減稅的真相

漢初減稅的原因，當然有吸取秦王朝橫徵暴斂以致滅亡教訓的因素，但其實更多的還是因現實徵稅能力缺乏而導致的無奈之舉。秦代的田租為十稅一，漢初為十五稅一。嚴格地說，兩者都是比例稅，要根據土地出產的糧食數量，由國家跟老百姓每家每戶分成收繳。可是，在秦末戰爭之後，廣大國土上人煙稀少，對這些人占有的土地實行「履畝而稅」，需要投入極大的人力與物力。在那個時候，土地丈量靠跨步子，帳冊管理靠竹簡木簡，具體辦事的人員基本不識字。可以想像，在當時，田租應收未收或者亂收的情況普遍存在，而且偷稅漏稅的情況肯定非常嚴重。

於是，在實踐中，與其維持十稅一或者十五稅一的空名義，不如把名義稅率降下來。就像在二〇〇一年以前，俄羅斯實行最高稅率為三〇%的累進個人所得稅，但由於偷逃稅情況嚴重，稅收管理水準低，國家實際上收不到多少稅。所以在二〇〇一年，俄羅斯乾脆實行單一比例的個人所得稅，還把稅率降為十三%。這樣一來，稅率低了，人們偷逃稅的動機大大減少，稅收管理也變得相對簡單，國家的個人所得稅收入反而增加了。

所以，漢初大幅降低田租比例，固然有與民休息的考慮，但更大的原因是對徵稅技術與管理能力的讓步，就像二〇〇一年俄羅斯個人所得稅改革那樣。為了進一步方便徵稅，到了漢武帝末年，將三十稅一的分成制，在現實中改成每畝繳納固定的田租數額。就是說，按照常年應產量和三十稅一的比例，計算每畝固定數額田租，然後要求農民根據田畝面積與每畝固定田租額計算應繳納額進行繳納。遇到收成好的年份不增加田租額，收成不好的年份未經皇帝批准也不減少。

◆ 正路不通走旁路

為什麼說西漢初年的減稅，最終可能引發更大的危機呢？這是因為如果減稅使得正稅不足，而國用又要用錢，那就不得不想其他方法增加收入，甚至走「歪路」。在前文中我說過，現實中的稅柄就三個，所以要麼稅人，要麼稅地，要麼稅商。既然帝國正統收入稅地（即田租）在減稅，那增收的途徑就必然要轉向稅人或者稅商。稅商的問題，到後面的章節再細說。先來看漢初減稅之後，徵稅轉向稅人帶來的消極後果，那就是把稅收負擔加在了沒有能力的人身上。

為什麼國家在田租減稅後，要轉向以人頭稅作為主要收入形式呢？在西漢那個時候，人總是呈現集中居住的狀態，這樣才安全，也比較容易開展生產合作。對國家徵稅來說，點人頭也比計算土地面積容易，而且管理上有戶籍制度的支持。商鞅變法時已把全國人口編入國家的戶籍，而且把戶籍編制和田地登記結合起來。各諸侯國後來的做法，其實跟秦國都差不多。到了漢代，戶籍編制更加嚴密，叫「戶版」、「名數」，內容包括戶主姓名、籍貫、住址、爵位、職業、年齡，妻子、兄弟、姊妹，以及牛馬、田宅、奴婢、車輛的數量和價值，有的還登記身長、膚色等。有了這樣的戶籍基礎，國家就能點人頭徵收人頭稅。

在西漢，針對成年人（十五到五十六歲）每年要徵收算賦（每人一百二十錢，商人和奴婢每人二百四十錢，奴婢由主人代繳），針對兒童（七到十四歲）徵收口賦（每人每年二十錢，後來增加到二十三錢）。另外，對不願意親身為國家服兵役的農民還徵收代役金，對不願意服力役（工程勞役）者徵收更賦。這樣，藉由稅人即人頭稅收上來的錢，事實上遠遠超過了田租。這種減輕田租而改徵算賦、口賦的行為，史書上稱為「輕租重賦」或者叫「舍地而稅人」。算起來，漢初的農民，雖然遇上了減稅，可負擔並不輕。這一點，連那個篡了西漢政權的王莽，都看得明明白白。他說：「其名三十，實十稅五也。」意思是，名義上說是三十稅一，實際上稅率達到了五十％。

豪強的壯大與流民的危機

徵收人頭稅最大的優點在於簡便，只要點人頭就行；最大的缺點是不公平，不管階層的差異，窮人還是富人，每個人繳納的稅收數量都一樣（每位成年人一百二十錢）。不公平的人頭稅加上田租減稅對不同階層的影響，引發了漢代豪強的壯大和流民的危機。

豪強地主手中有很多田地，他們享受到了減稅的優惠，只需要承擔三十稅一的田租。稅負如此輕，可收益巨大。他們把自己的土地租給佃農，收取五十%的地租，或者利用農奴、莊客耕作，直接獲取農業收益。在田租基礎上，豪強地主再按家庭人口（包括奴婢）計算繳納人頭稅，這點稅收相對於他們的財產來說極為輕微。這還是以豪強地主不偷稅逃稅為前提。在現實中，豪強地主常常利用手中的權力或者勾結上上下下的官吏，逃避已經很輕的田租與人頭稅，並不斷兼併更多的土地。這樣一來，豪強地主從農業中獲得的財富並未成為國家的有效稅源，他們的財富積累也得不到稅收的有效控制，以至於越來越多，勢力不斷壯大。

對普通農民來說，土地少，享受不到多少減稅的優惠，可要繳的人頭稅跟富人一樣，於是稅負就重了。當然，在漢代剛開始的時候，情況還不算太嚴重。因為那時人口少，國家手中荒地多，國家就給農民大量授田，標準是一夫授田百畝（承秦制，寬一步長兩百四十步為一畝），有軍功者按爵位從低到高依次增加。所以，幾乎所有的勞動力最初都有國家授予的土地，對人徵稅多少等價於對土地徵稅，問題還不大。前面我說過，這是以曲折的形式來達到「履畝而稅」的要求。可是，一旦和平年代持續下去，經濟發展，土地就會發生流轉，有不少農民會失去土地。要麼是因為災荒或疾病致貧，需要賣地救急，要麼是因為漢代的厚葬風俗，需要賣地籌資安葬親人，還可能是因為被地主豪強逼迫，不得不賣地。農民一旦失去土地，就沒法從事生產，更沒有錢去繳納前面說的人頭稅。繳不起人頭稅，農民只好逃亡。逃亡之後，要麼到豪強莊園裡成為農奴，要麼就在大地上流浪成為流民。成為農奴，為豪強從事農業和手工業生產，會讓豪強的勢力越來越強；而在大地上流浪，雖然逃掉了人頭稅，但流民生存艱難，甚至大量死亡，社會也因此動盪不安。無論是西漢末年的綠林、赤眉起義，還是東漢末年的黃巾軍起義，背後的力量都是無數的流民。最終，流民衝垮了大漢帝國。

所以，對帝國來說，漢初減稅帶來的輕田租，使得正式收入不足，正路不通走旁路。「舍地而稅人」從短期看比較方便，但從長期看問題會越來越多，越來越大，最終引發嚴重的國家危機。

小結

西漢初期國家實行減稅政策。這次減稅雖然有與民休息的作用，但不值得過去史書那樣的誇獎，也沒有今人想像的那麼美好。

本章內容至少有以下幾個方面值得重點關注：

一、不能把稅收單純看作國家的掠奪，財政收入減少可能會導致國用不足，影響國家承擔應有的公共職責。

二、漢初減稅確實是吸取了秦王朝的教訓，避免橫徵暴斂，但更重要的原因是對漢初徵稅技術與管理能力的讓步，是統治者的無奈之舉。

三、由於正稅田租的減少，漢初政府不得不「舍地而稅人」以彌補國用，帶來了稅收負擔的不公平。豪強地主充分享受了減稅帶來的好處，財富越來越多，卻沒有成為國家的有效稅源。可對老百姓來說，由人頭稅施加的稅收負擔並沒有減輕。

四、「舍地而稅人」帶來了現實中對人頭稅的依賴，而人頭稅負擔一旦落在沒有土地的農民身上，就會帶來嚴重的危機。這些農民要麼被迫託庇於豪強莊園成為農奴，壯大了豪強勢力，要麼成為流民，成為社會動盪不安的因素。

5 財政政策：桑弘羊為什麼支持積極治理？

說到中國古代國家的治理方略和財政政策，我們首先想到的詞彙可能是「清靜無為」。在一種刻板印象中，似乎古代執政者的理想都是「垂拱而治」。本章我要以漢代財政大臣桑弘羊為例，說一說中華帝國財政政策中其實一直包含著的積極治理的思想。與此同時，我還要讓你瞭解一位執政大臣是怎麼有意願也有能力擺事實、講道理的。此外，像工商業這樣貌似現代的經濟活動，它所具有的重要意義其實古人早已瞭解透徹，並不需要今人穿越過去教育他們。

鹽鐵會議與桑弘羊

桑弘羊的思想主要體現在《鹽鐵論》中。這本書是漢宣帝時期（前七四到前四八年）一位叫桓寬的學者寫的，取材於漢武帝去世後六年（前八一年）在首都長安召開的「鹽鐵會議」上形成的文獻。這場會議的主題，是討論要不要廢除已實行很長時間的鹽鐵國家專營政策，進而擴大到討論治國方略與意識形態。會議的參加者，一方是民間知識份子，根據來源地區的不同，他們被分別給予了「文學」或「賢良」的身分，另一方是長期主管財政政策的桑弘羊及其團隊。在這場火藥味濃濃的大辯論中，雙方都有精彩的表現。我在這一章先專門說桑弘羊。

桑弘羊出生於洛陽，父親為當地的商人。在十三歲時，他就以計算能力突出被選拔進入官員隊伍，作為侍中陪伴當時的太子（即後來的漢武帝）讀書，後來逐步升遷至主管國家財政事務的大司農。桑弘羊長期執掌財政大權，多次主持財政改革，為漢武帝實施對外軍事行動與對內國家治理，提供了大量的財政資源。在鹽鐵會議召開時，他作為漢武帝的托孤大臣，任職御史大夫，即副丞相，負責糾彈文武百官，相當於當代的國家監察委主任兼唯一副總理。

這樣一個大人物，在我們的印象中應該是一個喜歡以權勢和地位壓迫人的典型啊，或者至少應該是一個不學無術者吧，因為他從十三歲開始就進入公務員隊伍了，哪有空讀書？可是，桑弘羊在鹽鐵會議上表現出來的，是一位堅持以理服人而非仗勢欺人的學者型官員的形象。在探討是否要廢除行之多年的鹽鐵國家專營政策時，桑弘羊並沒有用「現實需要」做藉口，輕易地打發文學賢良的質疑，而是堅持擺事實講道理，甚至大量地引用經典著作為論據。在《鹽鐵論》一書中我們可以發現，他引用了《論語》十八次、《孟子》五次、《詩經》八次、《春秋公羊傳》七次、《管子》六次，還多次引用其他經典。他的博學與理性，以及對經典作品的熟悉程度，絲毫不亞於飽讀詩書的民間知識份子。哪怕在論辯中受挫，甚至被當面指責為貪利忘義時，他也表現得非常有風度，而不是惱羞成怒。書中多處說，桑弘羊「默不答也」，「撫然內慚，四據而不言」。

積極治理的財政政策

在漢武帝時期，藉由對外征伐和內部綏靖，中華帝國的基本生存空間與政治秩序已經奠定。此後，國家職能應該實行積極主義還是消極主義？這個問題的答案決定了財政支出額的多與少。鹽鐵會議的參與者們對此展開了激烈的討論，在兩千年帝國史中這個問題也被反覆地提起。

桑弘羊持有積極的國家職能觀，提倡運用暴力與法治的工具，來實現對外的安全保障和對內的秩序維護，並要求積極地干預經濟與社會。基於此，他強烈地主張採用大規模財政支出的方案，要求從多管道去籌集財政收入以滿足支出的需要。這樣一種對擴張國家職能的信心以及對積極財政政策的主張，讓今天的一些政治家與財政學者引為知音。

桑弘羊說，國家要對外取得安全，就必須有強大的武力與充足的防備，因為外部的敵人不會因為我有德就服我，但會因為怕我而服從我。在他的理性計算中，對外軍事行動，不僅是防範侵略的需要，而且在經濟上也有收益：「邊郡之利亦饒矣！」國家對內要實現秩序穩定，也必須積極利用刑罰的力量，就像耕田時必須除掉有害的草才能種好莊稼，在維護社會秩序時，也只有讓壞人受罰才能讓好人高興。雖然為了維護基本秩序而擴大運用刑罰的力量，可能會出現吏治等方面的問題。但在桑弘羊看來，這些問題的解決仍需要國家的行動和懲罰的手段。在桑弘羊的心目中，藉由國家的積極治理，社會和經濟就能達到理想的狀況，比如說百姓豐衣足食，自然災害消失，沒有盜賊，沒有流民，大大小小的官吏都廉潔奉公，所有的人都安頓得好好的。對於民間知識份子強烈要求減少財政支出進而降低財政收入，他表示非常不滿，認為這將使國家職能無法實現。他說，如果有辦法不花錢就能「安集國中，懷來遠方，使邊境無寇虜之災」，那廢除所有的租稅都可以。可問題是，這根本辦不到。

◆ 富國非一道

桑弘羊要實行積極治理的財政政策，就必須想辦法解決財政收入問題，就要開發財源。今天的我們常有一種印象，以為古人尤其是古代的執政者沒有認識到工商業活動對於國家富裕的重要性，所以才會去錯誤地實施重農抑商政策。桑弘羊在鹽鐵會議上的言論告訴我們，這種印象是錯的。

桑弘羊明確地提出，富國並非只有農耕一條路：「富國何必用本農，足民何必井田也？」他看到，有許許多多的富裕城市跟個人，都是藉由工商業致富的。工商業的財富來自流通和自願交易：「財物流通，有以均之。是以多者不獨衍，少者不獨饉。」用現代經濟學的話來重新解釋桑弘羊的想法就是，工商業對於國富之所以有作用，是因為工商活動能有效地動員和集中大量資源，有利於展開市場分工，再加上自願交易可以改善雙方的效用，於是資源就可以投入更有效率的使用中，並帶來經濟的發展和國家的富裕。

當然，桑弘羊的觀點並不是憑空出現的，它來自對姜太公、管仲等更早學者思想的繼承。這樣的觀點後來又啟發了宋代王安石等執政大臣，並在晚清洋務運動時期成為財政政策轉向甚至國家轉型的理論淵源。就是說，發展工商業以實現國家富強的觀點，一直內在於中國國家治理的傳統中，並成為支持近代國家轉型的思想資源。

面對工商業帶來的巨大財富，桑弘羊認為財政應該將其作為收入的源泉，這樣才能滿足積極治理帶來的支出需要。在「財政之眼」一章我提到過，中國自古以來都利用「稅商」方式獲取財政收入。稅商有三種形式，即徵稅制（放開讓民間商人經營，用稅收形式獲取收入）、官營制（國家出面經營獲取利潤，若國家作為壟斷經營者則稱為國家專營制）、許可制（向獲得特許的民間商人收費作為收入）。桑弘羊的建議是，對工商業實行官營。這種官營，既對鹽鐵這樣的特殊商品實行，又對一般商品實行。對特殊商品實行的是國家專營，國家作為唯一的經營者，可以在自願買賣形式的掩蓋下，藉由提高鹽鐵價格來增加財政收入。由於像鹽鐵這樣的商品需求彈性比較低，即使經營者提高售價，消費者的購買量也不會減少（或者減少得不明顯），所以國家專營鹽鐵等特殊商品可以獲得暴利。桑弘羊認為，這麼做可以在增加財政收入的同時不增加民眾的負擔。「有益於國，無害於人。」而對於一般的商品實行官營制（即「均輸」政策），他認為這麼做也能以商業利潤的形式增加財政收入。

藉由鹽鐵專營實現國家治理

在漢武帝時期由桑弘羊主持的眾多財政改革中，特別重要的一項就是鹽鐵專營，實際上本次會議正是為此專門召開的。在後世，桑弘羊的鹽鐵專營政策一直被批評為是「與民爭利」的殘暴措施。時至今日，仍有許多學者對此政策中的專制主義色彩耿耿於懷，認為這麼做破壞了市場秩序。這些批評固然有一定的道理，不過我要強調的是，桑弘羊之所以採取鹽鐵專營的財政政策，除了上面說到的增加財政收入的目的外，還有更深的國家治理方面的考慮，那就是把鹽鐵專營當作實施積極治理的財政工具。

桑弘羊認為，鹽鐵等具有暴利的商品若由國家專營，就可以實施統一的標準化管理。用今天的經濟學語言來描述就是，可以消除或減少資訊不對稱狀況。這麼做可以給社會帶來很多的好處，如價格穩定、規格一致、杜絕欺詐行為等。他說，由國家專營，幹鹽鐵這一行的官吏都是專業、懂行人士，可以給老百姓提供物美價廉、規格統一的產品；哪怕是小孩子去買鹽買鐵，也不會受到欺騙。

不過這些還不算最重要，他認為最重要的是，鹽鐵若由國家專營的話，就可以防止社會勢力的失衡。他說，像鹽鐵這樣的商品如果落入私人手中，他們會因此獲得暴利，聚集巨額的財富，並發展成為壓迫小民、危害國家穩定的豪強。所以，鹽鐵專營並非只為財政收入，更主要是為了抑制豪強的勢力、維護國家的穩定。他舉例說，那些聚在山中開採鐵礦、冶煉鐵器的人家，或者在海邊煮鹽的人家，往往一聚就是千人，「成奸偽之業，遂朋黨之權」，為此可能帶來大禍。應該說，防範社會勢力的失衡，永遠都是公共管理的目標。只是今天的我們知道，私人勢力會不會發展成為壓迫小民、造成社會不平衡的豪強，關鍵不在於私人的經濟狀況，而在於用來制約私人勢力的政治與法律狀況。只要政治權力能真正為民所用，法律公平公正，私人經濟勢力再強，也會受到公共權力的有效約束，而不至於淪為破壞社會平衡的惡勢力。不過，這些現代國家才有的特徵，鹽鐵會議上的桑弘羊是不可能認識到的。

小結

在鹽鐵會議上，曾經的財政大臣、現在的御史大夫桑弘羊，他的表現相當程度上顛覆了我們對古代高官的刻板印象。當然，這並不是說桑弘羊的觀點都是對的。事實上，在鹽鐵會議上文學賢良對他進行了尖銳的批評。具體我到下一章再來說。

在這一章至少有以下內容值得重點關注：

一、作為大權在握的官員，桑弘羊在鹽鐵會議上並沒有仗勢欺人，而是堅持以理服人，顯得理性、寬和、博學。

二、桑弘羊對於用財政政策實現國家積極職能的效果充滿信心，他的理念不只影響了漢代，而且還深刻影響到後世帝國的治理。

三、在財政上，桑弘羊積極肯定工商業發展的國富效應和收入意義，這樣的觀點影響到後世王安石等執政大臣的行動，也為晚清中國的財政轉型甚至國家轉型埋下了伏筆。

四、桑弘羊主張鹽鐵由國家專營，考慮的不僅是增加財政收入，而且還把它作為抑制豪強勢力、維護國家穩定的工具。

6 國家專營：文學賢良為什麼反對桑弘羊？

西元前八一年鹽鐵會議上的桑弘羊，贊成積極治理的財政政策，為此支持擴大財政收入以滿足支出需要，主張用官營制從工商業活動中獲取財政資源，並特別堅持對鹽鐵等暴利性商品實行國家專營的既定政策。鹽鐵會議上的另一方，文學和賢良，他們的觀點與桑弘羊的看法針鋒相對。兩種觀點一直存在於後世財政的發展過程中。

文學賢良與鹽鐵會議

文學與賢良，是漢代選拔有學問、有品德的讀書人出來做官的兩種途徑。就本次鹽鐵會議而言，文學全部選自函谷關以東各郡國的儒家知識份子，賢良基本上選自首都長安附近的儒家知識份子。在《鹽鐵論》一書中，作者桓寬採取典型角色的方式，並沒有列出這些來自民間的知識份子在發言時具體的姓名，而統一用「文學」和「賢良」作為他們的代稱。

提到儒家知識份子，你會有怎樣的印象？今天有許多人將儒家知識份子與專制政治掛上鉤，或者認為他們大多數隻會唱唱理想主義的高調。當然，也有人在理念上可能會喜歡儒家宣導的不擾民、不與民爭利的主張。這些印象，雖然大多事出有因，但並不全面。今天我講講鹽鐵會議上的文學賢良，看看能否改變一些刻板印象。

在鹽鐵會議召開時，中國政治中的專制程度還沒有後世那麼深，自先秦留傳下來的學者間自由論辯的意識或學術風氣還未完全消失。在會上，文學賢良與桑弘羊這樣的高官儘管地位懸殊，但對話時卻始終處於平等的地位。在辯論過程中我們可以看到，對話者不斷地為自己的觀點提供論證，同時批駁對方的觀點。古希臘學者柏拉圖認為，辯論或者對話這樣的方式，是發現真理的過程，所以他的幾部傳世著作都是用對話體寫的。《鹽鐵論》一書也為我們展現了藉由平等對話來發現真理的過程，所以類似柏拉圖的對話體著作，在中國古代也是存在的，不要看不起中國的古人。要知道，這樣的著作不僅是一種文本方式，更是自由學風與民主氛圍的象徵。文學賢良在會議上就說，相互辯論的關鍵是發現道義之所在，要「從善不求勝，服義不恥窮」，不是謀求口頭的勝利。如果只是用言辭迷惑別人，僅僅期求在辯論中勝過對方，是不值得稱道的。在會場，文學賢良表現出中國人對士人的一貫期待，即不畏強權，直言批評。比如他們批評在位的執政者「見利不虞害，貪得不顧恥」，說他們「無仁義之德，而有富貴之祿」。明代學者張之象就對文學賢良的這一風貌嚮往不已，認為文學、賢良「直詆公卿，辯難侃侃」，可以稱得上是「國士」。

在《鹽鐵論》文本中，文學賢良高調的理想主義與桑弘羊他們理性的現實主義形成了鮮明對比。越是到後世，特別是在科舉制度誕生後，就有越多的人討厭儒家知識份子的不通實務。在這場會議中，我們也能看到桑弘羊認為文學賢良迂腐、不通實務，不知道怎麼治理國家而只會打嘴仗，如果從政，一定會「昏亂不治」。桑弘羊他們的看法以及後世類似的看法當然不算全錯，但需要注意的是，文學賢良之所以跟他們發生爭論，主要源於雙方地位的不同，而不是理性主義與實務操作的區別。文學賢良作為在野人士，他們承擔的職責主要是批評，批評依據的自然是某種理想原則，因此他們對政治以及輔政大臣的要求也較多理想化的色彩。事實上，文學賢良來自民間，對現實狀況十分清楚，他們的言論也並非純粹的空談。比如在會議中，他們一再說到民間的困苦狀況，說農民一年到頭盡力耕作也沒法養家糊口。而桑弘羊呢，他作為執政者，自然用所謂的「現實」來維護既定的政策與施政行為。不過，正如上一章所說，為了給自己辯護，桑弘羊同樣援引了典籍以作論據，而並非全用「現實」做理由。只不過，執政集團所援用的典籍，多是出於行政方便，而文學賢良所引用的則多近於政治原則。由此造成了《鹽鐵論》文本表面上的現實主義與理想主義的差別。所以，鹽鐵會議上雙方的言辭衝突，都是以現實問題為出發點，雙方立論的根據都是他們所掌握的現實。

消極職能與重農主義

作為儒家知識份子的代表，文學賢良堅決主張財政政策應採取消極職能的定位。他們承認，安全與秩序的需要在國家職能方面確實有地位，但不贊成桑弘羊主張的積極治理的手段，因為那樣會帶來巨大的開支並給民眾施加嚴重的負擔。他們聲稱，只要對外、對內都採取消極的職能定位，就可以減少財政支出並因此減輕對民眾的財政徵收水準。

文學賢良強調，對外擴張不應是積極的力的征服，而應是消極的德的感化，用和平的手段處理問題，因為「文猶可長用，而武難久行也」。事實上，文學賢良並不反對國家的擴張，只是認為應該用文化滲透而非武力征服的手段。特別地，他們提出了帝國擴張的自然邊界問題，即國家擴張到一定程度，為擴張而付出的（邊際）成本已遠高於（邊際）收益，繼續擴張並不合算，「今去而侵邊，多斥不毛寒苦之地，是猶棄江皋河濱，而田於嶺阪菹澤也」。就是說，文學賢良在考慮對外擴張問題時，並非純從理想主義高調出發，事實上也有冷冰冰的功利計算在內。

在對內治理方面，文學賢良認為國家職能最為重要的是要使人民有品德（仁義），而不是追逐利益與效率。因此，治國的關鍵在德治，即在上位者的模範帶領下，民眾自覺遵循各種「德」的要求，從而達到天下大治。他們反對桑弘羊採用刑罰手段治理國家，認為這麼做「能刑人而不能使人廉，能殺人而不能使人仁」。國家如果採用相對消極的德治感化手段，自然對財政支出的要求就很小，治國者也不再需要採用種種與民爭利的手段來增加財政收入。

相對於桑弘羊對工商業財政地位的重視，文學賢良對此時帝國的農耕基礎，有著更為清醒的認識，因而持有重農主義的態度。他們認為，「衣食者民之本，稼穡者民之務也。二者修，則國富而民安也」。文學賢良對工商業的認識，也完全是從工商業對農業的重要性上來看的，比如鹽可供人食用、鐵器可幫農民耕田。他們主張實行抑商政策，反對將發展工商業作為國策，也因此反對將其作為財政收入的重要來源。

文學賢良之所以反對桑弘羊將工商業作為財政收入的來源，原因至少有兩個方面：一方面，工商業的發展會敗壞社會風氣，破壞社會的道德基礎，「散敦厚之樸，成貪鄙之化」；另一方面，在成為政府及大小官吏盤剝百姓的工具方面，工商業顯得更為便利。

反對鹽鐵專營

對於本次會議的主題，即要不要廢除漢武帝時期實行的鹽鐵專營政策，文學賢良堅決要求廢除，並要求將鹽鐵等暴利性商品放開給民間經營。這樣的主張，在今天被一些持有經濟自由主義思想的學者高度讚賞。不過，我們要看到的是，文學賢良並不是出於什麼理念才這麼說，而是由於認識到鹽鐵等暴利性商品由國家專營存在著以下的弊病。

第一，對鹽鐵等暴利性商品實行國家專營，嚴重傷害了老百姓的利益。鹽鐵專營，雖然以自願交易為形式，但卻不像桑弘羊說的那樣不影響百姓的生活。一方面，它剝奪了民眾的財富，毀壞了國家的財源基礎。因為，「利不從天來，不從地出」。國家用鹽鐵專營取走的利一定來自民間，而用自願買賣作為掩蓋形式，就像愚蠢的人在背柴火時為了不傷害毛而反穿裘皮大衣一樣，保住了毛卻傷害了皮（「無異於愚人反裘而負薪，愛其毛，不知其皮盡也」）。另一方面，強制性地統一、標準化管理鹽鐵，也會嚴重影響百姓的生產和生活。比如，各個地方的耕地土力不同，但官營鐵器行只提供一種規格的農具，農民沒法做到因地制宜。

第二，鹽鐵由國家專營，事實上超出了官員的管理能力。一方面，大小官吏並沒有真正的能力來經營鹽鐵業，而只是將鹽鐵經營簡單地轉化為民眾的財政負擔，比如讓民眾無償地為他們運輸鹽鐵以節省成本，甚至按戶徵收生鐵來提高產量。另一方面，各級官吏並沒有能力從鹽鐵經營中獲利，而只是簡單地抬高鹽鐵價格，用壟斷的力量獲取暴利，最終導致鹽鐵的價格都非常昂貴，百姓無力消費，於是盡一切可能少吃鹽，甚至用木頭去耕地。

第三，對桑弘羊最為看重的用國家專營鹽鐵來抑制私人勢力、維護社會平衡這一點，他們也表示反對。文學賢良說，將鹽鐵從民間轉到國家手中，其中存在的暴利並未轉化為國家的收入，而只是被轉移到權力擁有者之手，最終使權貴階層獲得了巨額財富。他們舉例子說，很多權貴在鹽鐵國家專營之後，運用手中的權柄，操控市場與資源，化公為私發了大財。因此，破壞社會勢力均衡、影響國家穩定的，並不是鹽鐵的民間經營者，而是因國家專營鹽鐵而得到經營管理權的權貴們。他們質問，像歐冶子（編按：春秋末年越國人，中國古代製劍鼻組）這樣的工商戶，怎麼可能破壞國家的穩定？只有蕭牆內的那些權貴，才會最終傷害國家利益甚至顛覆國家。文學賢良的這一批評，在今天都能得到同情與反響。

◆帝國財政的正統原則與非正統原則

可見，在治國理財基本問題上，桑弘羊與文學賢良持有針鋒相對的觀點。桑弘羊的主張主要為三條：（1）財政支出規模應該大，以支援國家履行積極的職能；（2）在經濟政策上應該重視工商業，並使之成為財政收入的主要來源；（3）鹽鐵等暴利性商品應該掌握在政府手中，實行國家專營。而文學賢良的主張則與此相反，主要是：（1）財政支出規模要小，國家在履行職能方面應該持消極主義；（2）經濟政策上應該重農輕商，不應以工商業作為財政收入的重要來源；（3）鹽鐵等暴利性商品應該分散給民間經營，不應掌握在國家手中。

在帝國後來的發展中，上述觀點不斷地出現並反覆交鋒。有意思的是，占據討論話語權上風並支配後世帝國財政制度的，是文學賢良的第一個和第二個觀點，以及桑弘羊的第三個觀點，它們構成帝國財政長期的正統原則，那就是：（1）用低財政支出規模履行消極的國家職能，實行量入為出；（2）財政上以農業收入為主，努力實現「履畝而稅」，並在政治上抑制商業活動、貶低商人地位；（3）將鹽鐵等暴利性商品掌握在國家手中，以增加財政收入。至於桑弘羊的第一個和第二個觀點，文學賢良的第三個觀點，在帝國財政討論與制度實踐中始終隱伏，卻從未斷絕，在特定時期會顯現出來，甚至有時會主張自己的主導地位，它們構成帝國財政的非正統原則，那就是：（1）擴大財政支出規模以應對積極的財政職能需要；（2）發展工商業，從工商業來增加財政收入；（3）鹽鐵等暴利性商品放開由民間經營，國家藉由徵稅來獲得收入。在我看來，財政的正統原則，決定了帝國在重建及常態運行時的主要樣態；而財政的非正統原則，在帝國危急時刻更加浮現出來，並在帝國向現代國家的轉型活動中發揮主導作用。具體內容，我會在後面的章節再細說。

小結

在鹽鐵會議上文學賢良的表現，讓我們看到了跟很多人印象中不太一樣的儒家知識份子形象。他們不是專制的幫凶，不懼桑弘羊的地位，自由地展開辯論。他們也不是不通實務者，對民間疾苦所知甚多。在今天仍讓我們動容的是，他們對國家專營鹽鐵等工商業的能力和後果，展開了尖銳的批評。

本章至少有以下內容值得重點關注：

一、文學賢良主張用最節約的支出方案、用最低的成本治理國家。他們還提出了帝國擴張的自然邊界問題，認為帝國擴張到一定程度後，為擴張付出的（邊際）成本比（邊際）收益高。

二、文學賢良強烈建議廢除國家專營鹽鐵的政策，主張將鹽鐵資源交給民間開發經營。這是因為鹽鐵由國家專營，嚴重傷害了民眾的利益，也超出了國家的管理能力，與此同時還不能維護社會平衡。

三、文學賢良的主張和桑弘羊的意見，共同構成了後世帝國財政運行的正統原則與非正統原則。

7 國弊家豐：豪強毀掉了大漢？

在世界歷史上，跟羅馬帝國的衰亡一樣，大致同時期的大漢帝國的滅亡也激起了無數人的思考興趣。如此強大的帝國，因何而亡？明末清初的著名思想家王夫之有一個說法：「國恒以弱喪，獨漢以強亡。」意思是其他朝代都是因為軍事力量太弱而亡國，可漢代在軍事力量還很強大的時候就亡了國。為什麼呢？

對於大漢的滅亡，過去大概有三種答案：第一種認為責任在皇帝，是皇帝個人太昏庸；第二種認為責任在後宮，即婦人干政和宦官亂政；第三種歸罪於黃巾軍，認為是黃巾軍攪亂了國家。前兩種答案是非常傳統的看法，就原因來說也不算特別重要。第三種答案，我在「輕田租」一章也提到過，黃巾軍的主力是由流民構成的，而流民又是因為「舍地而稅人」的財政政策造成的。在漢代，流民與豪強屬於一個硬幣的兩面，都是由財政負擔設計不合理形成的。

在這一章，我為你從財政角度解釋豪強的興起，以及由豪強造成的國弊家豐局面逐漸毀掉了大漢帝國，對此漢代君主雖有心挽救卻無力回天。

豪強的興起

這裡說的豪強是財政史大家馬大英先生給的一個統稱，包括了諸侯王、外戚、貴族、大臣、官僚和工商奴隸主等。所以豪強並不是簡單的有錢人，而是一個幾乎壟斷了經濟財富、政治權力、社會機會的凝固階層，他們讓國家發展失去活力，國家卻不能對他們的財富有效地徵稅。

那麼，這樣的豪強是怎麼在漢代興起的呢？

前文提到，漢初實行大規模減稅（減徵田租），於是在國用上不得不依賴於徵收技術簡便、管理成本較低的人頭稅。這樣一種「舍地而稅人」的做法，事實上為豪強勢力的不斷成長埋下了伏筆。這是豪強興起最重要的原因。為什麼這麼說呢？這是因為，在低田租前提下，購買田地是極為合算的買賣。於是無論是官僚地主還是富商大賈，在經濟上都傾向於大量買田，坐享五十%的高額地租。即使不瞞報土地數量，也只需承擔三十稅一的田租以及按人口計算的少量人頭稅。尤其是那些享有政治經濟特權的官僚貴族，不但經常運用手中的特權來兼併土地，還常常隱瞞田畝以便偷稅逃稅。這樣，豪強因投資於土地、不負擔或負擔很少的財政義務，經濟實力迅速壯大。

除了「舍地而稅人」的原因外，漢代特有的貨幣財政形式也加劇了豪強勢力的膨脹。在舍地而稅人的財政政策下，漢代這個古代王朝，財政卻似乎現代化得驚人，因為口賦、算賦、更賦等，都以更加方便、成本更低的貨幣形式徵收。可要這麼做，農民就必須賣出大量的農副產品或出賣勞動力，甚至舉借高利貸，才能完成給國家上繳貨幣的財政義務。而國家在收到大量的貨幣後，為了滿足形形色色的財政支出需要，又需要大規模地採購物資。於是客觀上就要有大批的商人在農村、城鎮從事農副產品收購和銷售活動，或者舉辦高利貸。於是出於財政原因，漢代的貨幣經濟活動驚人的發達。

如果基於貨幣活動發展起來的商業交換活動恰當，那是能夠促進經濟發展的，但漢代的貨幣商業經濟卻是畸形的。這是因為，在遠離工業革命的漢代經濟條件下，主要商品不是機器大生產下的工業品，而是農產品或其他初級產品。這樣的商品難以大規模地根據需要有彈性地生產出來。要在這樣的經濟中賺錢，最好的手段就是設法「囤積居奇」，用高度投機的方式操縱市場。於是那些與權力勾結的商人或者自家就經商的權貴，依靠這樣的手段來牟取暴利，嚴重擾亂了市場。在漢武帝支持下桑弘羊發動財政改革，雖然在一定程度上打擊了私商的行為，但他的手段只不過是用「官商」來代替「私商」，並未改變大漢帝國貨幣財政和畸形商業的實質。與此同時，因國營商業機構效率低下，經濟中就出現了文學賢良批評的諸多不良後果。在漢武帝之後，官商壟斷經營的政策放鬆，於是以權貴為主力的私商就更加膨脹，豪強勢力因此進一步壯大。

如果因財政原因而發展起來的豪強僅僅只是有錢，那問題還不大，就像文學賢良說的，像歐冶子這樣的工商業者是無法威脅國家的。但是，漢代的選官任官制度進一步加重了已有的危機。在漢初，家貲十萬才能為吏，後來在景帝時降為四萬。從今天的眼光看，這是將經濟精英納入權力體制內，有一定的積極意義。在法律上，漢代的工商戶雖然不能為官吏，但富裕工商業者可以藉由購買土地成為地主，再進入官僚階層。後來，這一限制性法律乾脆也被取消。於是，富裕商人、貴族、官僚往往多位一體，或者勾結在一起。

再後來，漢帝國又進一步藉由文學賢良、茂材異等（編按：賢良、茂才、異等皆是漢代選舉人才的科目。）的途徑，選拔讀書人做官。在當時，由於教育機會稀缺，在沒有紙張和印刷術的條件下，讀書人一般都出自富裕家庭或官宦之家。在漢武帝之前，任官之人多屬軍功集團，但從武帝開始就有一個特殊的現象，那就是官僚貴族、豪強地主、鉅賈大賈、教育世家，有不少處於四位一體的狀態。比如漢成帝時的張禹，既是大官僚，貴為丞相，又是大商人和大地主，「內殖貨財，家以田為業」，與此同時還是著名的儒生，我們今天仍在使用的《論語》通用版本就是由他勘定的。四位一體，使得豪強的勢力得以進一步地加強。

豪強帶來的危機

為什麼說豪強有害並最終毀掉了大漢帝國呢？主要原因在於豪強帶來了「國弊家豐」的局面，並因此壟斷了政治、經濟、文化等一切權力。

什麼是國弊家豐？就是說國家財政沒錢而豪強家族卻極為富裕。到了西漢末特別是東漢時期，國家的整體經濟水準在提高，體現為中小型水利工程不斷開發，先進農耕工具逐漸推廣，精耕細作的園藝技術進步明顯。但這些經濟發展大多集中在豪強所控制的田莊中。它們內部閉門成市，「池魚牧畜，有求必給」，對外築壁自守，甚至擁有自己的武裝。

我們知道，在財政上如果沒有有效的徵稅手段，孔子的名言「百姓足，君孰與不足」

是不能成立的。正如在漢代、尤其在東漢我們看到的，由於輕租重賦，「民」富並未帶來國強；豪強莊園經濟的收益，並沒有成為國家的可稅資源，也不能因此壯大國家的力量。國家不能有效地徵稅，導致要麼正常治理功能弱化，要麼進一步地給平民帶來負擔。那時的大漢，在地主豪強的莊園之外，失去土地的人在大地上流浪，社會秩序呈現出敗壞的跡象。可是，國家因為收入有限而漸漸地喪失了救濟流民的能力，隨後又進一步地喪失了維持特定地區秩序的能力。

豪強是不會滿足於經濟財富的，他們還會不斷地篡奪公共權力。當代有學者曾經高度讚賞說，從西漢後期開始，士人獲得了土地並積累起財富，這是能夠「硬性」制衡皇權的權力資源，而皇權被削弱在這些學者看來是好事。但問題是，在當時的歷史條件下，皇權或者說君權是公共權力的表現形式，這樣大規模地侵害君權也就傷害了公共權力的運行，威脅到國家的統一性與權力的公共性。特別是在地方上，由於國家的權力落入豪強私人之手，豪強大族才是真正的權力擁有者，朝廷任命的太守或縣令往往只是名義上的官員，社會也因此陷入無政府狀態中，社會秩序與貧民利益都受到嚴重的傷害。史書上說這些豪強「奸暴不禁」，「各擁部曲，害於貧民」。

諾貝爾經濟學獎得主道格拉斯．諾斯（Douglass North）曾提出過一個「自然國家」的概念，意思是說一個國家的精英會很自然地設計制度，讓自己壟斷政治、經濟、文化等一切特權，竭盡全力降低經濟和政治中的競爭性，由此造成階級固化，國家失去活力。漢代集官僚、地主、商人、教育世家於一體的豪強勢力，最終發展為南北朝時期的「士族」或者說門閥階層。士族壟斷了一切政治、經濟與文化機會，給國家治理帶來了極為不利的後果，那時的中國也成為諾斯意義上的「自然國家」。這樣的「自然國家」談不上發展，甚至無法維持統一，正像種姓制度對印度歷史的影響一樣。

君主限制豪強

在帝國時期，君權代表著公共權力，因此無論出於個人原因還是共同體的要求，君主都會想方設法地抑制豪強勢力，但在漢代，抑制結果並不成功。

比如，漢哀帝時的大臣師丹，就提出國家要限制豪強占有的土地和奴隸數量。出身於豪強但取得皇位的王莽，深知豪強的威脅，採取了一系列「齊眾庶，抑並兼」的財政措施來抑制豪強。比如，他要求豪強將超限的土地分給親族，對奴婢徵收的人頭稅從漢初的兩百四十錢增加到三千六百錢，等等。

到了東漢，借助豪強上位的光武帝，也試圖藉由清丈田畝來抑制兼併、增加田租，並下令解放奴婢以減少豪強的生產能力。漢明帝也曾經下令禁止豪強兼營農業和商業等。東漢還一度重新實行桑弘羊的鹽鐵國家專營的辦法。這些幾乎都是西漢的舊招。但是，面對勢力龐大的豪強，這些措施都沒有作用。

因此可以說，到東漢時期，就像英國歷史學家湯比（Arnold Joseph Toynbee）說的那樣——文明似乎已停止了生長。因為漢帝國沒有新的制度創造去應對現有的挑戰，無法解決豪強勢力對帝國基礎的侵蝕。

小結

大漢帝國的財政制度設計，未能將財政負擔落在有能力的人身上。一方面，它帶來流民問題；另一方面，它使得豪強勢力不斷壯大。由於豪強的存在，國家不能將現實中繁榮的莊園經濟轉化為可稅的資源，國家因無法收稅而日益孱弱，既不能維持秩序又不能救濟流民。由此可知，一定要將財政負擔落在有能力的人身上，要有有效的財政手段才能將民間財富轉化為國家的力量。此外，治國理財一定要避免政治、經濟、文化等權力壟斷在一個階層手中，並日益積累成破壞國家穩定的力量。

本章以下內容值得重點關注：

一、民富不一定帶來國強，漢代豪強興起後，國家不能對他們有效徵稅，造成「國弊家豐」的局面，這是大漢亡國最重要的原因。

二、舍地而稅人的財政政策，導致買地成為特別划算的買賣，豪強因此利用特權兼併土地，勢力迅速壯大。

三、在工業革命之前商品不能大量生產的前提下，大規模貨幣財政導致漢代商業畸形繁榮，兼營商業的豪強用高度投機的方式操縱市場，牟取暴利。

四、由於選官任官制度傾向於選擇有錢人與讀書人，在漢代歷史條件下，官僚貴族、豪強地主、鉅賈大賈、教育世家常常四位一體，如此讓漢帝國成為政治、經濟、文化機會被高度壟斷且社會階層凝固的「自然國家」。

五、在當時的歷史條件下，君權是公共權力的表現形式，豪強以及後來由豪強發展形成的士族，大規模地侵蝕君權，傷害了公共權力的運行，造成帝國的失敗甚至長期的分裂。

8 財富戰爭：士族必須死，帝國才能生？

說到帝國，我們很容易就想到西方的羅馬帝國。羅馬帝國崩潰之後，歐洲再也沒能統一。可是，大漢帝國滅亡後，中華為什麼又能重新成為統一國家呢？中華帝國和羅馬帝國，在哪裡不一樣？這個問題史學界早就翻來覆去地研究過了。比如，歷史學家錢穆先生的看法是，羅馬帝國是由中央強力征服四周造就的，而中華帝國是由四周的優秀力量共同參加中央造就的。所以羅馬帝國的中央被摧毀後就不可恢復，而中華帝國的中央即使被毀也能再造。

錢穆先生的解讀，能給我們很大的啟發。他用宏觀視角看這個問題，而我想從更具體的財政視角，再來看看這個問題。我覺得，中華帝國的再生，有個很重要的條件，那就是在南北朝時期君主贏得了與士族的財富爭奪戰。相對來說，北方君主做得比南方更為成功，這是隋政權由北統南的基礎。

士族的危害

上一章我說到豪強在財政上造成國弊家豐的局面，最終毀掉了大漢帝國。在魏晉之際，這些豪強之中的部分新出門戶和部分漢代高門，成為最高等級的士族，又稱世家大族或門閥。按照歷史學家蒙思明先生的說法，到南北朝時期，士族根深蒂固、壓倒一切，「成為當日社會的核心」。此時，高門與寒門，或者說士族與庶族的區分，已經形成不可逾越的鴻溝。

這些士族廣占耕地山澤，兼營商業和借貸活動，蔭庇大量人口，從而掌握了龐大的經濟資源，其中絕大部分經濟資源脫離於國家的徵稅範圍。此時的士族還壟斷著稀缺的教育資源，占領了文化的高地；像王羲之這個我們今天熟悉的文化名人，他家就屬於士族。士族還壟斷了入仕的途徑，他們操控了此時的選官制度，即「九品中正制」。在曹魏時期初創的九品中正制，本意是由朝廷設置「中正官」，給地方人才按九個等級評級，再由吏部加以選用。這個制度一開始是「良法善政」，但到後來因遷就士族利益而逐漸腐化：中正官幾乎都由士族擔任，定級時「上品無寒門，下品無士族」，所有的清貴職位，全被士族壟斷。

這樣的士族存在，嚴重威脅了以君權為形式的公共權力，士族甚至具備了決定政權更替的能力。比如，東晉剛建立時盛傳的「王與馬，共天下」，說的就是王氏家族掌握的經濟資源、軍事武裝、政治力量，能跟司馬家族掌握的皇權相當。士族就像一條大章魚，觸角延伸到了國家的各個方面，壟斷政治、經濟、文化機會，使社會失去活力，沒有發展空間。當時有一個典型的現象，在南方，家族的地位壓倒了國家，孝道比忠君成為更高的道德標準。

所以，不解決士族問題，公共權力就無法得到保障，社會無法發展，國家不能穩固，帝國也不可能統一。

財富爭奪戰

到了南北朝時期，士族開始盛極而衰。士族問題的逐步解決，有多種原因。蒙思明先生說，北方士族的崩潰主要是外來壓力過大，或者說是因為入侵中原的少數民族政權武裝力量過強而無法抵抗，而南方士族的崩潰是一種自然的腐爛，沒有新生命的繼起。前者不用多說，後者說的是南方士族制度發展出了自我毀滅的因素，那就是士族自身的腐化墮落，如平時習慣於清談，生活放縱，不學習法令也不親自從事實際政務，只擔任那些「位高權重責任輕」的職位，以至於政治能力嚴重退化，實際權力也隨之喪失。相反，寒族代表由於親歷政事，能力不斷提高，並逐漸掌握了實際權力。

從財政方面我要強調的是，士族問題的解決依賴於君主尋找一切機會不斷地打擊士族，與對方展開財富爭奪戰。在南北方國家競爭的大背景下，誰能打贏這場財富戰爭，誰就能統一天下。後來的歷史我們知道，勝利者是北方隋政權。

北方之所以贏過了南方，是因為北方君主與士族的財富戰爭，打贏了以下三仗並超過了南方：一是確認君主的土地產權；二是均平財政負擔；三是竭力與士族爭奪人口。

最終，北方君主掌握的財富逐漸壓倒了士族，君權所代表的公共權力贏得了獨立性與至高地位，帝國具備了重生的基礎。

確認土地產權

君主與士族的財富戰爭，第一戰場，發生在土地產權方面。前面說過，帝國的支撐要素是土地，君主只有打破士族對土地的壟斷、依託土地產權建立起有效的統治權，才能重建以君權為核心的帝國。

在此方面，北方政權的境況明顯地優於晉室南遷後形成的南方政權。一方面，北方由於長年戰亂，有大量荒蕪土地；另一方面，由少數民族建立起來的政權武力強悍，能夠相對有效地控制土地。所以北方政權，最典型的是北魏，能夠藉由均田令將荒蕪土地配置給民眾，重建國家對土地的產權和對土地上人口的統治權。即使卑賤如奴婢，也有權直接從國家獲得土地。於是託庇於士族豪強的人口，因均田令紛紛脫離出來，成為國家的編戶，而士族豪強所占土地的數量則受到一定的限制。這樣一來，國家對土地的產權就逐步重建起來，也因此奠定統治土地上附著人口的基礎。

相對而言，在晉室南遷後，由南遷士族和南方原士族扶持下的東晉朝廷，則呈現出「主弱臣強」的局面。對於士族占有的田地，君主一開始並無有效的限制辦法，但在實踐中只要有機會就重申自己對土地的產權。比如東晉朝廷頒布「占山法」，就是想以承認士族占有山澤（傳統上產權屬於君主）這一現實為前提，限制其數額並嘗試徵稅。後來接續東晉的幾個政權，也都想方設法確認君主對土地的產權，限制士族占有土地，但效果有限。

◆ 均平財政負擔

君主與士族的財富戰爭，第二戰場在均平財政負擔方面。南北方政權的財政制度在設計負擔分配時，目的都很簡單，那就是想辦法讓普通民眾負擔沒那麼重，從而願意給國家繳稅，而不是給士族當奴婢；與此同時，設法讓士族的負擔重一些，把他們手裡的財富變成國家可以徵稅的資源。

北方就是照這兩方面做的，也做得不錯。還是以北魏為例。北魏一直在努力改革和完善田租戶調制度。田租，就是我們前面說過的「履畝而稅」收取的田賦，在漢武帝之後一般收取每畝定額地租。在存在技術和管理困難的前提下，北魏給每戶（一夫一婦）人家分配荒地（大致授田六十畝），然後規定每戶都要繳糧食作為田租（大致納粟二石），負擔比較輕（大致為收穫物的三十分之一）。戶調，就是讓每戶再繳一些紡織品。它始於曹魏時期，是將漢代的口賦、算賦、更賦等人頭稅合併形成的。北魏時的戶調大致為帛一匹。總之，田租戶調負擔並不重，又有均田制為基礎，而且全部繳納實物，因此民眾有能力負擔，也符合當時男耕女織的經濟狀況。與此同時，政府還調高士族或富戶的戶調上繳數額，並特別規定富戶的奴婢和耕牛也要繳納租調，以便在增加財政收入的同時限制士族豪強積累財富。

南方是什麼情況呢？由於在南方有大量人口遷移，戶籍資料不實，按道理按畝收田租才是最佳的徵稅方式，也符合帝國的內在要求。但是按畝收田租遭到士族的強烈反對和抵制，南方政權也沒有能力查驗土地數量。於是在東晉、宋、齊時期，國家都只能以丁口來收田租。可是因為南方政權難以掌握士族手中的實際人口，所以田租能收上來的很少。直到梁武帝時，君權力量增強，才開始實施按畝計徵的田租。寒族代表陳霸先建立陳朝後，有意識地打擊士族，在財政上更是明確按畝徵租。田租之外，南方政權也徵收戶調，一開始要求按家庭資產評定，但在實際執行過程中也因士族阻撓而效果不佳。到梁武帝時，跟北方相似，戶調也開始實行以丁口為標準徵收紡織品或錢。不過，南方由於戰爭少，商品經濟相對發達，因而商品稅的收入相對於北方來說要多得多。總體而言，南方的財政負擔很難落在士族頭上，政府沒有辦法把士族手裡的財富變成國家徵稅的資源，於是國家手中的財政資源不多，平民的財政負擔卻不輕。

爭奪人口

無論是北方還是南方，君主與士族之間財富戰爭的第三戰場才是主戰場，那就是爭奪人口。由於長期戰爭，人力資源稀缺，僅有的人口又被士族豪強大量占有，脫離於國家的編戶之外。那時的士族豪強用兩種方法在他們的莊園或塢堡裡蔭庇人口：一種是非法隱瞞人口數，另一種是假借奴客、部曲、門生、義故等名義收容人口。

在北方，君主奪取人口的手段有兩種：一方面借助均田制，用荒地吸引勞動力擺脫士族的蔭庇，讓他們成為國家掌握的編戶；另一方面，北方政權建立起三長制（即五家立一鄰長，五鄰立一里長，五里立一黨長），用來檢查隱漏戶口、督催繳納租賦。北方政權還經常發動臨時性的戶口檢查，搜檢士族掌握的人口，把他們強占的人口恢復成國家編戶。此外，北方政權還利用相互戰爭的機會，大量解放占領區的奴隸，或者放免士族的奴隸，將其作為平民編入戶籍中。

與北方相似，南方政權也在不斷進行戶籍整頓，完善民間基層組織，檢查士族豪強隱匿的流亡人口。此外，相對於北方政權來說，南方還有一個特殊的地方，那就是有一大批跟隨晉室南遷的北方人口。南方政權原來對他們實行優待，不徵收租稅，也不派發徭役。

後來南方政權推行土斷政策，讓這些僑居南方的人口著落在土地上，同土著戶一樣成為國家的正式編戶，承擔相同的賦稅和徭役義務。總的來說，南方政權也在想方設法從士族手中爭奪人口，可成績遠遠不如北方。

小結

南北朝時期帝國的逐步重生，是在君主贏得與士族的財富戰爭基礎上發生的。這場戰爭主要有三個戰場，在三個戰場上，北方的成績都遠遠超過南方：一是重申國家對土地的產權，北方政權的均田令尤為有效；二是透過減輕財政負擔來鼓勵民眾脫離對士族的依附，並加重士族的財政負擔，相對來說北方普通民眾的負擔更輕；三是藉由基層政權及大規模人口檢查，全面整頓戶籍，北方的三長制和藉由戰爭放免奴隸讓國家控制了更多的人口。在楊堅建立隋王朝之後，這場財富戰爭也未結束，實際上一直延續到唐代中後期。士族最終被消滅，除了在財富戰爭中君主獲勝外，隋唐時期技術與管理因素（造紙術與印刷術的推廣、科舉制度的運行）也發揮了很大的作用。唐宋之間，士族在經濟財富、文化教育、國家公職等領域的壟斷基本被打破，士族高門徹底走向消亡。中華帝國至此真正進入平民時代，政治、經濟、文化領域有了一定的競爭性，並向平民開放了一定的機會，由此造就了帝國的輝煌。

本章內容中以下值得重點關注。

一、解決士族階層的固化及其壟斷政治、經濟、文化等資源的問題，是中華帝國能夠再生的重要條件。

二、解決士族問題的主要辦法，是君主和士族之間發生的財富戰爭。只有代表公共權力的君主獲勝，帝國才有繼續生存發展的可能，並贏得統一的機會。

三、在確認土地產權、均平財政負擔、爭奪人口三方面，南方政權都沒能占上風，最終隋政權實現了從北向南的國家統一。

四、這場財富戰爭是持久戰，直到唐代中期以後，士族高門才徹底地消亡，帝國才真正地進入平民時代。

第參部分　帝國成長

落實稅地，
以稅商探索來反應帝國危機。

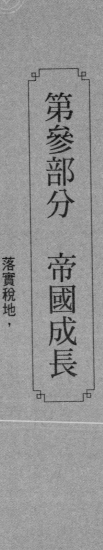

9 均田制：調整田制的目的到底是什麼？

在君主與士族之間的財富戰爭中，身處北方的北魏政權推行了均田制。到了隋朝與唐初期，政府又分別實行過均田制。均田制以及與此相關的田制調整，是理解中國財政史乃至中華帝國制度設計的重要切入點。由此出發，可以看明白千百年來，帝國來來回回地調整田制，到底是在幹什麼。

◆ 什麼是均田制？

均田制有個「均」字，但它做的不是平均地權，更不是「打土豪、分田地」。雖然它涉及國家對田制的調整和對田地面積的一定限制，但主要內容是將國家手中掌握的荒地按一定標準配置給民眾，把人綁在土地上。荒地有人開墾了，農業生產可以發展，人口也進入國家編戶，這樣國家才能有效徵稅。

為什麼這麼說呢？先來看看均田制的大概內容吧。

關於均田制，史書上主要見於北魏之後的北方政權以及隋朝與唐王朝的初期。由於長年戰爭的摧殘，土地荒蕪，人口或大量流亡，或蔭庇在士族豪強的莊園中。此時國家用均田令把手中的荒地配置給民眾，可以達到發展農業生產、削弱士族豪強勢力的目的，還順帶解決了地方政府的辦公經費問題。在此制度運行過程中，君主也確立了自己對土地的產權。事實上，均田制雖然對士族豪強占有土地有所限制，但在重新分配土地方面，作用並不大。

比如，北魏孝文帝實行的均田制，就是對十五歲以上的民眾，無論男女都授露田（編按：國家按人口分配給人民種穀物、不栽樹之田。）用於糧食生產，奴婢同樣授田，甚至耕牛也授田，這些人在死後要把田地還給國家；與此同時，國家還授給民眾一塊栽種經濟作物的桑田和用來居住的園宅地。對地方政府官員，也按官職高低，授給職分田，職分田出產用於政府官員的辦公經費。

隋代在文帝即位初期，也頒布新的均田令，一方面對諸王以下各級貴族與官吏按品級授予可以傳給子孫的永業田，以此對他們所占土地面積施加一定的法律限制；另一方面，大致按「一夫授田百畝」的原則，把荒地分給丁男，授田區分為可以世代相襲的永業田和死後交還國家的露田兩種，奴婢亦同。對地方政府，則按級別授予職分田和公廨田，前者的租金收入補充百官俸祿，後者的租金用於地方政府辦公經費。

唐初期實行的均田制，基本上承用隋制，只是略有變化。每丁男（二十一到六十歲）得田一百畝，其中八十畝為口分田（死後還歸國家），二十畝為永業田（可傳子孫），其他人也各按身分授予田地。貴族、官吏按品級授予永業田，此外百官還按品級分給職分田，用於補充俸祿和辦公經費。

「為民制產」

前面提到過，自戰國到漢初，國家對民眾經常授田。因此，均田制只不過是從南北朝直至隋唐初期的一項特殊的授田政策。唐代之後國家再未有過如此大規模的均田行動，主要是因為國家手中沒有那麼多荒地。對於均田制，今天不宜想像過多。當然，對於士族豪強手中超過限額的田地，雖然國家未必去一一查證並予以糾正，但均田法令仍可作為約束士族豪強行為，並在必要時使用的一種工具。就像今天刑法中的「巨額財產來源不明罪」，它並不意味著國家要去查證所有公職人員的財產，並懲罰那些擁有說不清巨額財產來源的主體，但作為有效的罪名，它仍可在必要時使用。

不過，需要說明的是，均田制涉及中國古代國家對田制的建設問題。歷史學家錢穆先生就曾經評價說，均田是郡縣制度下的井田，而井田則是分封制度下的均田，這兩種田制在精神實質上是一樣的，都是「為民制產」，「務使大家有田地」。什麼是為民制產呢？孟子最早進行過闡發，意思是說賢明的君主為民制產，目的是讓民眾能養得活自己和家庭，然後才能引導他們向善。「是故明君制民之產，必使仰足以事父母，俯足以畜妻子；樂歲終身飽，凶年免於死亡；然後驅而之善，故民之從之也輕。」

今天我們怎麼理解「為民制產」呢？前面說過，國家是為了人的生存與繁榮而被創造出來的，只不過在不同條件下採用了不同的制度形態。但不管是怎樣的制度形態，國家總要採取措施將勞動力與生產資料結合在一起，以使經濟活動能有效地進行。

井田制是中國在城邦時期將勞動力與土地予以結合的一項制度，實踐中很有可能並未將土地劃分為「井」字九塊，但「井田」的說法應該反映了當時村社對土地共有共耕的狀況。就是說，農業生產活動和村社內部事務，由村社共同體集體承擔，各級領主並不直接組織和管理農業生產。在當時，這應該算是一種有效率的生產方式。只不過到了春秋戰國時期，隨著生產工具的進步，特別是鐵器農具的使用，使得一家一戶的小農家庭分耕、由大家長監督家庭成員從事勞作，成了最有效率的生產方式。於是國家調整田制，廢除原有的制度，宣布所有的土地在法理上都歸屬於君主，不再歸屬於各級領主，然後透過政府授田或者確認民眾已占有田地，讓各個小農家庭分散占有土地並加以耕種，再根據土地面積徵稅。這就是前面說過的「通公私」與「履畝而稅」。統一天下後的秦朝體現了這一點，藉由「令黔首自實田」，承認各家庭對土地的分有分耕。就這樣，以君主為代表的國家，自命為土地的所有者，並以此為根據向人民徵派賦役，也因此有責任建設田制，保證人民能夠占有一塊土地，以此為生並承擔賦役。

這就是帝國時期的土地產權制度安排，均田制也因此體現了這樣的「為民制產」精神。在唐代之後，國家再未實行過均田制，不過並不代表國家不再關心為民制產。比如，宋、元、明等王朝都實行過「經界法」，藉由土地清丈來編制魚鱗冊，這樣既確認了君主的產權，又承認農戶家庭對土地的占有，還可由此落實「履畝而稅」。到了明末，思想家黃宗羲再次提倡井田制度，他的意思並不是要復古，而是要求把國家手中掌握的官田授給民眾，並透過土地丈量確立民眾所占土地的面積與等級，以均平田賦的負擔。經界實踐與黃宗羲的井田設想，目的都是「為民制產以養民」。

均田制中的產權問題

在今天，又該如何評價中國古代的土地產權制度？為民制產是不是意味著君主侵犯私有產權？君主對天下土地擁有產權是不是專制君主荼毒天下的源頭？

中國古代的土地產權制度，事實上不能用今天的「私有」或「國有」的術語來衡量，不如說它介於二者之間。在帝國時期，民眾之間對土地的產權有較清晰的邊界，可以進行買賣和租賃，這使得土地產權呈現出今天「私有」的樣態；而民眾與國家之間並沒有清晰的邊界，在理念上君主擁有天下土地，有權調整臣民各自對土地的占有，這樣的土地產權呈現出今天「國有」的樣子。在這樣的產權制度下，君主為民制產或者說調整田制，不能完全說是任意侵犯私有產權。

如此的土地產權方式是君主荼毒天下的源頭嗎？嚴復先生說，帝國時期「天子富有四海，臣妾億兆。臣妾者，其文之故訓猶奴虜也」，意思是說，君主個人因為擁有天下土地的權利，所以能將天下人當作奴隸來加以奴役。應該說，由於君主既是私人（個人和家族）的代表又是國家共同體的代表，一身而二任，所以他的私人角色或者說私人利益，確實有可能損害他作為共同體代表的角色或者說傷害天下人的利益，君主有權調整田制也確實可能傷害民眾的產權。這是帝國制度始終潛伏的危機，也是帝國必然要轉向現代國家的內因。

但不能不看到，中華帝國的產權安排方式也有好處。一方面，在理念上，君主對天下土地都有產權，這就讓帝國時期的君權呈現出今天主權的樣態。君主可以支配境內的所有資源，為國家對外防禦和內部治理提供穩定的基礎，並讓中華共同體的統一與完整始終得以保證。另一方面，在實踐中，小農家庭分散獲得了支配耕地的能力，一家一戶小農可以在此基礎上有效地生產和生活，並能進行土地的流轉，從而使經濟活動和文明發展獲得極強的韌性和恢復能力，這是中華共同體能夠靈活調整和長期頑強生存的原因所在。

舉個例子。十二世紀阿奎丹的女公爵埃莉諾（1121-1204），與法國國王離婚並嫁給英國國王後，占當時法國國土一半面積的阿奎丹公國，就跟著她作為嫁妝轉移到了英國，這大大改變了英法兩國的實力對比。在中華帝國時期，這是不可想像的。那些和親的公主，婚前的封地是不可能帶到她所嫁的國家去的，因為原則上所有的土地都屬於在任的皇帝。由此是不是可以看到，君主對土地的產權很像今天國家對土地擁有的主權？在現代國家，私人的土地可以轉讓給外國人，但這塊土地並不因此成為外國的領土，土地所在國家對它擁有確定無疑的終極所有權或者說主權。所以，現代國家由於主權的存在，不會因為土地流轉而失去領土；而在中華帝國時期，也因特有的土地產權制度的安排而可以使領土保持完整。

但話又說回來，西方封建社會的產權制度雖不能保證國家領土完整，但因為保證了各封建主體的權利，而使得當時的經濟活動者（商人、自由民甚至農奴）能夠獲取經濟剩餘，進而為經濟增長、收益積累、第三等級成長奠定了初始條件。西方（尤其是西歐）在全世界率先走向現代國家，正是以此為基礎的。不過，這是另一個話題了。

小結

從北魏至隋唐初期實行的均田制，不是「打土豪、分田地」，它只是國家把手中的荒地配置給民眾的一種行為，目的是恢復生產、打壓士族豪強的經濟實力。均田制與在此之前的井田制、授田制及後來的土地清丈相似，都反映了中華國家制度設計中的為民制產精神。由這些做法確立的土地產權方式，奠定了中華帝國制度的基礎，並進而有效地保障了中華共同體的完整。

本章以下內容值得重點關注：

一、均田制是帝國把荒地按一定的標準分配給民眾，雖然局限性很明顯，沒法把士族豪強手中的超限土地統統變成國家的可稅資源，但體現了帝國為民制產的精神實質。

二、為民制產是一種指導性的精神，藉由制度的設計與田制的調整，把生產資源（土地）與勞動者進行比較有效的結合，同時實現讓老百姓養活自己家庭的目的，也讓國家能夠徵稅。

三、帝國調整田制有兩方面的意義：一是為了讓生產更有效率，讓財政負擔更加公平；二是確認君主擁有天下土地的產權，為對外防禦和對內治理提供了穩定的基礎和保障。

10 徭役問題：為什麼有錢有糧也會亡國？

常言道，沒有錢是萬萬不能的。尤其對一個國家來說，國庫裡面沒錢沒糧，往往是亡國的先兆。比如明朝，因財政資源調配不開而滅亡。可是你知道嗎，中國古代有一個王朝很富裕，倉庫裡堆滿糧食，結果僅傳二世即亡國。是的，這個王朝就是隋。史書記載，隋朝的滅亡是因為隋煬帝個人品格有問題，比如生活荒淫、好大喜功等。今天的歷史研究指出，對隋煬帝個人品質的指責，大多更可能是李唐王朝施加的不實之詞。從財政上看，隋朝二世而亡，雖然有多種原因，但主因是財政徵收方式不當，更準確地說是過度依賴於徭役，過度且頻繁役使民力。

不差錢的隋王朝

隋王朝的富裕，在中國古代財政中是出了名的，後世史書對隋代國計之富的稱頌不絕於耳。元初學者馬端臨在他的名著《文獻通考》中就曾說過：「古今稱國計之富者，莫如隋。」隋富首先體現在人口增長上，這是中國古代衡量國家富裕程度最好的指標。在隋文帝期間，人口年均增長率達到千分之十二（二〇二〇年中國人口增長率為千分之三）。其次，隋富還表現在財政庫藏皆滿。在當時修建了許多著名的大糧倉，比如西京的太倉，東都的含嘉倉、洛口倉等。大倉庫儲藏米粟有千萬石，小一點的倉庫也有幾百萬石。當時的執政大臣估計，光靠倉庫裡儲藏的這些糧食，全國人就能吃五、六十年。一九六九年，中國考古工作者在含嘉倉遺址發現了一座裝滿了糧食的倉庫。當然了，隋朝滅亡距今已經一千四百多年，說是滿滿的糧食，其實一打開就都碳化了。但是，考古工作者根據遺跡推測，僅僅這一座倉庫裡的糧食就有大約二十五萬公斤。

由此帶來了中國古代財政史上的一個著名問題：隋朝為什麼這麼富？馬端臨的回答是，不知道，「何以殷富如此，史求其說而不可得」。其實這個問題，隋文帝自己也表示過奇怪，他說，我好像收的並不多，用的也不少，怎麼還這麼有錢呢？「朕既薄賦於人，，又大徑賜用，何得爾也？」

大致來說，隋富的原因主要有兩個方面：一是前面說過的自南北朝以來國家打擊了士族豪強的勢力，以至於國家能有效地控制土地與人口，能夠對廣土眾民徵稅，於是改變了過去國弊家豐的局面；二是建立起有效的行政制度，如三省六部制等，能夠有效地將資源集中在政府手中，尤其在廣泛使用馳道、漕運手段後，糧食、物資、財富等源源不斷地向中央政府集中運輸並加以倉儲。還有，隋文帝自身比較節儉、徵發徭役有節制，比如將服徭役的成丁年齡由十八歲提高到二十一歲，由此民眾有時間從事農業生產，對隋富的形成也起到了推動作用。

為求大業濫用徭役

如此富裕的王朝，不是因為差錢而亡的，而是隋煬帝為求大業，過度役使民力造成的。為什麼這麼說呢？

隋煬帝即位初期，在財政方面還曾經試圖減輕民眾負擔。比如說，他將文帝時期男子服徭役的年齡從二十一歲推遲到二十二歲，同時還在制度上免去了婦女的租調負擔，帶來了深遠的影響。只不過，由於煬帝過於雄心勃勃，渴望在短期內成就前無古人的大業，於是很快就改變了他剛即位時減輕民眾財政負擔的做法。歷史學家呂思勉先生把隋煬帝的大業總結為兩項，一是「事四夷」，二是「務巡遊」。這兩項都大大加重了民眾的負擔，更重要的是過度役使了民力。

什麼是「事四夷」呢？「四夷」指的是大隋周邊的少數民族政權，「事四夷」是說隋煬帝招攬西域少數民族來朝拜，並下令讓他們途經的郡縣花費鉅資來招待。隋煬帝還引誘西突厥政權獻地內附，為了供應戍守此地的軍民，從內地轉輸物資巨萬，大量民夫死於道路上。更不用說他還三征高麗，為此徵發的兵役人數達百萬，力役更是無數，常年在道路上向北方糧倉運輸糧食的民夫就達幾十萬人，士兵與民夫也是死者相枕。

什麼是「務巡遊」？就是說隋煬帝為了巡遊天下，發起了過多過於頻繁的重大工程建設活動。比如，煬帝在即位初期，大業元年（605），就營建東都洛陽城，每月役丁兩百萬人，近四成勞力死亡。大業三年，發丁男百餘萬；大業四年，發丁男二十萬修築長城，死者超過一半。從大業元年開始，隋政權就持續開挖大運河，到大業四年，僅這一年內，通濟渠和永濟渠的施工，就各自動用勞力百餘萬，人員死傷無數。

總之，在隋煬帝統治的十三年裡，幾乎年年濫發徭役，不僅人數規模空前，而且超時延期，甚至從不限定工期、役期。更糟糕的是，徭役的強度高、生活條件差、執法嚴，死亡率極高。常年徭役，讓民眾不得休息，不能從事正常的生產活動，民生極度貧困。於是，「天下死於役而傷於財」。

所以，隋朝滅亡的主要原因不是缺少錢糧，直到隋朝滅亡時官府倉庫中還有大量錢糧。在今天看來，隋亡的主因是徭役過重、濫用民力。財政史學者鄭學檬先生曾說：「中國古代歷史上，因濫用民力，直接導致大規模的農民起義與朝代更迭，也只見有隋一朝。」

徭役不是好的徵稅方式

從帝國財政史來看，隋王朝二世而亡帶來的教訓，除了要求君主不能好大喜功、不能求治過急過快以外，還有一個原因就是，徭役真的不是好的財政徵收方式。

前面說過，古代財政的稅柄就三個，要麼稅人，要麼稅地，要麼稅商。在稅人中，最原始的形式就是用徭役方式直接去役使民力，讓民眾無償地充當士兵、從事農業或手工業勞動、修建工程或充當運輸的人力等。徭役是直接加在民眾身上的負擔，它一方面會影響民眾自己從事農業生產的時間與能力，服徭役的人就不能耕田種地，也沒有糧食可吃；另一方面，徭役負擔直接為肉體感受到，稅痛感最強，痛苦最為直接與深刻，還可能造成人的死亡。因此，用徭役作為財政收入的形式，不僅影響到財富的創造，還會引起勞動者的直接反抗，並非好方式。

◆帝國的徭役史

前面說過，全體勞動力親身服役（即徭役），乃是以人為支撐點的城邦時代的財政要求。像井田制那樣讓民眾出力勞動並集體監督，或者讓民眾親自服軍役，在當時有一定的必要性，但在以土地為支撐點的帝國時代，原則上不應再讓民眾親自服役，而應轉向以稅地為主。不過，因為稅人比較簡單，直接役使民力或者徵收人頭稅，在帝國時期一再出現。人頭稅問題我們前面已經說過，現在只看財政上對勞動者親身服役的要求。

具體到某個王朝而言，一般在王朝初期，軍事和工程需要量大，商品經濟化程度低，民眾為國家親身服役是很重要的財政收入形式。到了王朝中期，軍事和工程需求降低，經濟市場化程度提高，容易雇募到必要的勞動力，此時以徵收貨幣來代替民眾親身服役，對政府來說更為合算。於是，絕大多數王朝都存在一個趨勢，就是在王朝中期發動財政改革，用貨幣徵收來代替勞動者親身服役，以增加貨幣財政收入。前面說過的漢代更賦，還有宋代的免役錢、明代的銀差等，都是這樣。

事實上從整個帝國財政史看，國家對勞動者親身服役的要求也在不斷降低，民眾的力役負擔呈現出不斷減輕的趨勢。

在秦漢時期，國家對民眾有全面的徭役要求。漢初，成年男子在二十三歲和二十四歲需接受兩年軍事訓練，之後每年要服一個月的兵役（從二十五到五十六歲），另外還要戍邊三天。除了服兵役外，還得服各種各樣的力役，如建築皇陵、供應皇帝出巡時的運輸工具、建設公共工程（築城、治理江河等）、從事運輸（如從各地往邊境運輸糧食）等。經漢代用更賦代替親身服役，特別是東漢將更賦正式制度化之後，人民其實已沒有為國家親身服役的義務。可是在南北朝長期戰爭的環境下，國家需要有人親身服兵役力役，民眾也無錢來免除服役，於是徭役再度成為民眾的正式財政負擔。到了唐代，實行庸的制度，即不願親身服役的民眾可以藉由繳納紡織品代替服役，到兩稅法改革後，庸折入兩稅中。於是在制度上，人民對國家普遍性的徭役義務已經消失。

不過自宋代起，部分民戶依資產狀況為國家承擔差役負擔的財政形式發展起來，其原則是有資產的上戶和中戶要承擔更多的差役，下等戶少承擔差役。在實踐中，差役負擔逐漸轉化為貨幣負擔，即出錢雇役。王安石變法就是這麼做的。按道理說，在王安石變法後，差役在制度上也結束了。可到明代初期，在制度上又重建了差役，同樣仍按戶等來安排差役。後來在明代中期，民眾的差役負擔又藉由「一條鞭法」改革，折入民眾繳納的兩稅中，並作為正式財政負擔。清初，國家又向民眾以親身服役為名徵收丁銀，直到雍正年間，丁銀被攤入田畝，再次在制度上消滅了對民眾的親身服役要求。

雍正年間這一消滅親身服役的改革，被梁啟超先生稱為在中國消滅了奴隸制。不過，梁啟超先生的評價似乎過高。這是因為，在雍正帝攤丁入畝改革後，現實中大大小小的官吏向民眾徵求力役的做法並未消失，帝國也無力約束各級官吏在制度外向普通民眾強求力役的行為。

小結

隋朝財政其實非常富裕，隋王朝的滅亡不是因為國庫裡沒有錢糧，而是因為隋煬帝好大喜功，以至於徭役過重，有錢有糧也亡了國。徭役作為徵稅方式，在帝國中起起伏伏，總體呈減輕趨勢，但貫穿了整個帝國財政史。

本章至少以下內容值得重點關注：

一、很多王朝因為財政上資源調配不當，造成了國家的滅亡和朝代的更替，但隋王朝是在國庫充裕的情況下二世而亡，單從財政角度看，是因為財政徵收方式不當。

二、隋煬帝太想在短時間內成就前無古人的大業，在他統治的十三年間，濫發徭役的人數規模空前，而且徭役強度高、生活條件差、執法嚴，導致參與者死亡率很高。

三、徭役作為直接役使民力的方式，不但讓民眾沒有時間從事生產，導致民生貧困，而且對人力直接壓榨，痛苦最深，並造成大量勞動力死亡，以至於遭到民眾最強的反抗。因此，財政徵收一定要注意方式和技術，要注意時間的節奏，儘量避免直接役使人力。

11 租庸調制：盛唐的制度為何會被廢止？

對很多中國人來說，「盛唐氣象」是心中的一個夢。可是你知道嗎？唐帝國雖然強盛，支撐它的財政基礎卻很脆弱。在學唐代歷史的時候，我們都學過它的財政制度叫租庸調制。有人曾經高度推崇這個制度，為君主懈怠和地主兼併破壞了該制度而惋惜。不過，我要說，唐代的租庸調制以及同時實行的府兵制，其實算不上是一個好的財政制度。在相當程度上，這兩個制度是城邦時代稅人制度在帝國時期的變種或殘留，像錢穆先生說的：「是兩個古代社會蛻變未盡的制度。」

◆強盛的唐帝國

在隋末烽火中誕生的唐帝國，一方面，它的強盛表現為內部的秩序與富裕。史書記載，在貞觀時期，行千里者不用自己帶糧食；到唐玄宗時，百姓家中的儲糧大都可以食用數年，糧價長時間保持在歷史的最低位。另一方面，它的強盛表現在對外擴張上。這種擴張將帝國本性發揮得淋漓盡致，中華帝國的對外聲威至此達到最高峰。

為什麼唐帝國如此強大呢？當然，這與唐初君主的勵精圖治有關，但主要還是因為此時的社會經濟條件和基本政治制度。就社會經濟條件而言，有前面說過的，在財富戰爭中因士族門閥衰落而使得國家更能控制廣土眾民的原因，另外還跟水土條件更好的南方（糧食至少可以一年兩熟）被開發，以及南北經濟的聯繫加強等有關。就政治制度而言，此時帝國已建構起相對完善的制度體系（特別是承襲隋朝並加以改進的三省六部制、地方州縣制度），這樣的制度體系能夠集中國內的資源，以便充分發揮出帝國的能力。

租庸調制和府兵制

唐初的財政制度主要是建立在均田制基礎上的租庸調制和府兵制，這兩個制度都起源於南北朝時期，在後世名氣非常大。

在上一章我說過，唐初實行的均田制，基本上承用隋制。該制度的起因也相似，即一方面藉由授田行動，把因戰亂而掌握在國家手中的土地，大致按一夫授田百畝的原則分配給農民耕種，區分為可傳子孫的永業田（二十畝）和死後還給國家的口分田（八十畝）；另一方面宣布貴族官僚依品級擁有田地的份額（永業田），限制他們的占地行為，並利用授職分田和公廨田解決地方政府的辦公經費問題。授田的同時，也達到了重申君主對境內田地產權的目的。

在上述均田制的基礎上，初興的唐帝國在財政上實行從曹魏的租調制發展而來的租庸調制。該制度要求，在授田基礎上每丁每年納粟二石，是為「租」；每年每戶納綾或絹或二丈、綿三兩，產布之鄉納布二丈五尺，麻三斤，是為「調」；每丁歲役二旬，閏年加二日，無事或不願服役者則收「庸」，每日傜役折絹三尺，布加四分之一。上述租庸調制在唐初實施後，又經太宗整頓，使用到開元初年。從租庸調的徵收依據看，三者都高度依賴於稅人（針對「丁」或「戶」），事實上都是實物性質的人頭稅。因此，這一時期財政狀況的好壞與對人口的管理狀況密切相關。

在均田制基礎上，關中及部分其他地區，還實行起源於西魏、北周的府兵制。這一制度的要點是兵農合一，即給充當府兵的人授地，讓他們平時在家從事農業生產，不需要繳納田賦或承擔其他賦役，但要求在農閒時接受軍事訓練，戰時在皇帝臨時任命的將領率領下從事征戰或防禦，而且自備資糧、自帶武器，只能獲得戰利品或獎賞，政府不再付報酬。因此，府兵制是一種將財政成本內部化的措施，同時也是一種稅人的財政措施。

由此可以看出，此時的財政制度，無論是租庸調制還是府兵制，都是稅地制度的變通，即先給人授地，再稅人，以獲取糧食或親身服役等實物形式的財政收入。

脆弱的財政基礎支撐不起強盛的帝國

上述在均田制基礎上建立的租庸調制和府兵制，一定程度上可以用所獲實物性財政收入來支援初興的大唐，但對這一財政制度的評價卻不能過高，更不能像過去部分論者那樣，將唐中葉以後國家的衰敗都歸罪於君主或官僚破壞了這一制度。事實上，這一制度在唐初的成功是有前提的，那就是隋末戰亂之後人口凋敝、土地荒蕪、經濟萎靡，因此推行這些制度有物質前提和社會前提。但在長期和平的統一帝國下，該制度根本無法維繫。史書明載，到開元年間，租庸調制度就大壞。因此，強盛的唐帝國，它的財政基礎從一開始就很脆弱。而且，正是因為這樣的脆弱，才沒有給後來唐帝國的發展提供穩固的根基。

首先要看到，支援租庸調制的前提是均田制，而均田制在實踐中難以全面實行，更難以持續。在人口分布不均的廣大國土範圍內實行均田，這種做法對田地占有的複雜性估計過低，而對各級官府及官員的執行意願、管理水準、技術能力要求過高。實際授田的情況，哪怕在唐初，也有很多地方根本達不到一夫授田百畝的要求。即使在有些地區確實實行了均田制，均田行為也難以持續，因為在現實中出現了田地大量集中的情況。有些集中屬於田地的自然集中，如集中於耕作效率高者，但是負責管理的官僚並未積極改變帳冊登記；有些因為豪強依其勢力趁機兼併，官府不能糾正；有些則是因為新貴族官僚的不斷出現，迫使國家把自己控制的田地作為永業田持續授予，以致出現大地產主。另外，隨著和平持續和經濟發展，人口呈現出持續增長的勢頭，這樣留在民眾手中不用還給國家的永業田越來越多，而對口分田數量的要求也越來越高。國家手中的田地因均田制不斷減少，又無力糾正田地的集中，最終導致了均田的不可行。於是在均田前提下，對每丁、每戶徵收租調，也就失去了負擔的基礎。民眾享受不了均田的待遇，無田的人還要跟有田的人負擔一樣的租調，這樣就出現了逃戶或者說流民。對於逃戶應負擔的租調，州縣官員往往「有逃即攤」，直接攤派給沒有逃亡者，於是就引起更多的逃戶。

其次，租庸調制和府兵制都是具有戰時特徵的實物性財政制度，並不適合承平日久的帝國。由於魏晉南北朝以來戰爭長期持續，以糧食、衣料、親身服役等實物作為財政收入的形式，比貨幣財政更能適應現實。但在唐帝國長期和平的條件下，商品經濟已逐漸發達，此時在廣大國土範圍內實行實物財政的成本遠遠高於貨幣財政，而且親身服役、特別是軍役，也逐漸變得成本高昂且不受歡迎。就拿府兵制來說，帝國進入了和平時期，當府兵不但沒有了軍功賞賜和戰利品，每年還要自備武器參加訓練，還要守衛京城，甚至還要輪流去駐守邊防，這就耽誤了從事農業生產的時間，也不可能去做其他職業。這樣一來，老百姓自然就不再願意當府兵，府兵制就成了一項成本高、收益低、沒法有效實行的制度。從榮譽感來說，府兵原來出身優越，死後哀榮，地位很高，但後來逐漸為人所恥，無人願為，以至於不斷有人逃亡。

◆ 租庸調制度的失敗意味著稅人的終結

前面我說過，帝國以土地為支撐點，其財政制度的理想是實現「履畝而稅」，即按實占土地面積進行財政徵收。但由於技術和管理上的困難，自漢代開始直至唐初，都採用變通形式實現「履畝而稅」，即先給人授地、再對人徵稅，這樣稅地與稅人大體等價。但兩漢時期在授田基礎上的「舍地而稅人」是失敗的，在相當程度上它是豪強興起的內在原因，並最終引發大漢帝國的崩潰。可由於長期戰亂，到隋唐時期，帝國君主相對於士族豪強來說力量增強，能夠控制荒地與人口，於是依託於均田而稅人以獲取財政收入，這樣一種相對簡單的方式又得以重建，並在一定程度上得到了強化，最終形成租庸調制。如前所說，租庸調制並不能為統一帝國提供長期可靠的財政保障。要強調的是，租庸調制不可行，並不僅僅是人的主觀意願或道德品質問題，例如帝王的個人素質不高或者官僚集團貪婪等，而是在於這一制度本身有問題。這種以均田制為仲介，形式上稅地而實質上稅人的制度，就長期來說根本不可行。

在安史之亂後，雖然唐代宗時期曾一再重建租庸調制，但現實中該制度已沒有實施的條件。這是因為，此時國家已沒有土地用來均田，也無法有效地掌握人口，比如在代宗廣德二年（764），國家掌握的人口只有十年前的三十二%。這樣，以「稅人」為實質的租庸調制，已不可能實行。於是，在唐中期依託於田畝實行「履畝而稅」的「兩稅法」應運而生。大致上，兩稅法奠定了以田畝為基礎的財政制度，並成為後世帝國財政的正統。財政制度從此正式從以「稅人」為核心轉向以「稅地」為核心，只不過「稅人」在現實中並未完全消失。

◆ 小結

承自南北朝時期以均田制為基礎的租庸調財政制度，根本無法支撐唐初建立起來的強大帝國。唐代中期，財政制度從租庸調制轉向兩稅法，標誌著稅人原則在帝國財政制度上的正式終結和稅地原則的正式確立。這一段財政史告訴我們，每種國家類型都必然要尋求契合其內在目的或根本支撐點的財政制度，對租庸調這樣的歷史性制度的消亡，不能只怪罪於人的主觀願望或道德品質，還要看制度設計是否契合國家類型的內在要求，這樣在考察制度變革時才能區分哪些只是暫時的妥協，哪些才是長久的立足點。

本章以下內容值得重點關注：

一、唐朝雖然是一個強盛的帝國，但它的財政基礎卻很脆弱，唐初所建財政制度並沒有給後來唐帝國的發展提供穩固的根基。

二、唐朝初期的財政制度是建立在均田制基礎上的租庸調制和府兵制，它們都是稅地、稅人兩種方式融合後的一種變通，即先按照人頭授地，然後再按人頭徵稅，國家獲得糧食或者親身服務這樣實物形式的財政收入。

三、租庸調制和府兵制不能給統一的帝國提供長期可靠的財政基礎，這種形式的制度，根本不可能在帝國長期實踐。

四、對財政制度的興起與消亡，不能僅歸之於人的主觀願望或道德品質，還要看制度設計是否契合國家類型的內在要求。

12 兩稅法：帝國正統財政制度是如何形成的？

說到帝國的制度，我們好像都有這麼一個印象，那就是不同朝代各有其特點。一個新的王朝建立起來，同時也就建立起一些新的制度，頒布一些新的法令。隨著王朝衰敗滅亡，這些制度法令也就失效，慢慢消失。在這一章我要講一個例外，那就是唐代中期實行的兩稅法改革。有不少喜歡歷史的人曾經感歎，所有的改革最終都是失敗的，因為成果無法保留。兩稅法不是，在唐朝滅亡後它還被繼續沿用了一千多年，直到清王朝結束。有人曾經評論說，兩稅法的實施是租庸調制敗壞之後的無奈選擇，可我今天要說的是，這一制度並不是臨時性的無奈舉措，而是長期醞釀於帝國歷史之中，直至此時才結出來的制度之果。因為契合了帝國發展的內在目的，自誕生起，兩稅法就被視為帝國財政制度的正統。

◆兩稅法的誕生

說到兩稅法，就不得不提楊炎。楊炎是唐德宗時期的宰相。在唐建中元年（780），他發起了一項改革，廢除租庸調舊制，改用兩稅法這項新的財政制度代替。

為什麼要廢除租庸調制？前面我說過，中華帝國一直想實現稅地的目標，做到「履畝而稅」，即按田畝數來收稅。可是，土地清丈和帳冊管理很困難，而靠簡單的點人頭徵稅更方便。於是，從漢朝初期到唐朝初期，國家都在想辦法先給老百姓配置土地，然後再按人頭徵稅，用稅人的方法變通實現稅地。但是，這種方法到了唐朝中期就沒法維持了，因為以均田制為前提實行的租庸調制度已無法維持，由此獲取的財政收入越來越少。因安史之亂及之後的戰爭，再加上君主與官僚的奢侈消費，財政支出額越來越大。於是唐朝財政收不抵支，財政危機爆發，國家瀕臨破產。這就逼著當時的執政者必須廢除租庸調制，尋找更有效的新制度。這就是兩稅法推出的大背景。

那麼，兩稅法的主要內容是什麼呢？它規定，財政徵收不再以人口為基礎，改為在一年之中分夏（不超過農曆六月）、秋（不超過農曆十一月）兩次，徵收戶稅和地稅。因為分兩次徵稅，所以叫「兩稅」。其中，戶稅根據家庭資產總額徵收，地稅根據家庭實際耕作（不管是自耕農還是佃農）的田畝數徵收。在徵收兩稅之後，原來的一切租庸調、舊稅、雜徭，都合併進入兩稅中。在制度上，兩稅法的徵收數量低（一開始甚至規定了固定的收入數量）、手續簡便（「租庸雜徭悉省」）、負擔公平（只根據田畝面積與資產徵收）、徵稅物件清晰，非常符合帝國意識形態中有關輕徭薄賦、負擔均平、不擾民的理想標準。

更重要的是，它符合帝國以土地為支撐點的內在要求。

改革的兩個契機

新財政制度的推出和實行，肯定跟重要歷史節點上的局勢與人物有很大關係。兩稅法的出現，跟當時收不抵支、國家瀕臨破產的局面有關，也跟宰相楊炎的個人努力密不可分。但是，我們也不能忽視兩稅法改革前出現的兩個契機。

一個契機是，安史之亂結束後，北方很多地區落到了藩鎮手中。中央政府無力控制北方的藩鎮，也就沒有辦法從這些地區有效收稅。所以，中唐時期，中央政府在財政上不得不高度依賴南方經濟，而南方又以租佃和雇傭經濟為主，老百姓有許多是佃農和雇工，根本就沒從國家手中得到授田，自然也就不需要負擔租庸調制度下的財政上繳義務。就是說，國家沒有辦法用租庸調制從他們的身上收稅。

另一個契機更加重要，那就是在現實中，戶稅和地稅的徵收規模已經逐漸擴大，並在相當程度上解決了「履畝而稅」所必要的土地管理問題。為什麼這麼說呢？我簡單地說說戶稅和地稅的來源。戶稅起於何時，學者們意見不一。但在唐初已明確徵收，按每戶人家的資產總額分等級徵收貨幣稅。開始時戶稅的規模並不大，但由於租庸調制的敗壞，自唐代宗大歷年間起，戶稅規模急劇擴大，並逐漸成為國家的重要財政收入。在那個時代的家庭資產中，最重要的顯然還是土地，因此徵收戶稅就要掌握家庭土地面積，而這又跟地稅的發展有關。

地稅源於隋代開始設立的義倉，它的作用是在豐年時向民眾按田畝面積徵收糧食以備荒年，但要落地執行，政府就勢必要對民眾的土地狀況有所瞭解。到唐朝貞觀初年，繼續按田畝徵收糧食，這稱為「義倉稅」，主要用於賑災。到唐中宗神龍元年（705）之後，義倉稅改稱「地稅」，規模已非常龐大。由於義倉或義倉稅在一開始徵收就與田畝面積有關，因此政府配套製作了青苗簿，以便統計與管理土地的實際占有情況。到後來徵收地稅時，這個記載土地狀況的小冊子青苗簿，變得更加關鍵，因為在它上面登記了田畝的數量和主人的名字。

歷史學家告訴我們，青苗簿的製作，經歷了青苗案、青苗曆和戶青苗簿三個過程。青苗案由負責徵收地稅的人員（「堰頭」），根據田畝情況登記主人和佃人（有時甚至作物種類）形成，實現以地統人。在此基礎上，州縣再根據青苗案進一步加工成青苗曆和戶青苗簿；前者是以鄉為單位的地畝和青苗統計，後者是以戶為單位登記田畝和青苗。前面說過，地稅一開始數量並不多，但因為對土地狀況記載比較清楚，唐政府在兩稅法改革前就利用過青苗簿徵收地稅的附加稅，並將所獲資金用於財政救急（如發放百官俸祿）。換言之，用青苗簿徵稅已經有了實踐的經驗。

總之，由於青苗簿，實施「履畝而稅」就擁有了具備實際操作價值的帳冊工具，兩稅法也就具備了可行的技術和管理的能力。

◆ 成為帝國正統

兩稅法的出現，對解決唐帝國財政問題有重要的意義，但尚不能說明兩稅法為什麼能被後世帝國繼續延用一千多年。讓兩稅法成為帝國正統稅收形式的原因，到底是什麼呢？

我在之前說到過，既然帝國以土地為自己的支撐點，就應該主要依靠土地獲得財政收入。靠土地收稅，有這樣三種途徑，一是對土地出產量徵稅，二是對農產品的交易額徵稅，三是對土地的市場價值徵稅。後兩種途徑對帝國管理能力的要求太高，只有在高度商業化的環境中才有可能。所以，帝國只能選第一種，即根據土地的出產量來徵稅。

可是，如果根據土地的真實出產量徵稅，那同樣需要非常高的管理能力並承擔巨大的成本，這在帝國時代是無法承受的。在現代經濟中國家對股份公司的真實收益徵稅，與此有些類似，但不同的是，現代擁有高水準的技術工具和管理手段使之可能。因此，在帝國時期，只能在區分土地等級的前提下，按照田畝數徵收定額田租，這就是「履畝而稅」的真實情形。兩稅法改革推出後，在青苗簿這種管理工具的幫助下，依託土地支撐點實行「履畝而稅」的帝國理想才落到實處。

當然，楊炎所定的兩稅法，還不是最終形態。此時，不僅存在著戶稅和地稅的區分，而且兩種稅的徵收依據還不太一樣，戶稅依據戶等（即資產），地稅依據田畝。不過，戶稅所依據的資產中，主要部分是土地，因此戶稅與地稅有合併的可能。到唐後期直至五代，由於長期戰亂，戶稅徵收所依據的非土地資產（時人稱為「浮財」）越來越難以估計，於是土地逐漸成為幾乎唯一的可計戶稅的財產。在徵稅對象重合且現實中徵稅方式也趨同的情況下，戶稅和地稅逐漸合一，成為田畝稅。

這樣，帝國財政的理想實現了。兩稅以田地占有而不是以人口為依據實行「履畝而稅」，這就可以把帝國財政建立在君主擁有產權的土地基礎上。帝國主體財政收入的方式，從稅人成功地轉向稅地，意味著從此國家不必再直接占有人口，民眾與君主（或者說國家）之間的關係，就從人身依附關係變為簡單的財政關係。從財政視角來看，在國家類型上中國此時才真正走出了城邦時代。日本歷史學家內藤湖南對此評價說，兩稅法使人民擺脫了奴隸佃農地位，開啟了中國歷史上的新時代。

在唐宋之間的五代十國期間，為了滿足軍需、壯大實力並贏得民心，各政權競爭性地宣稱，不採用兩稅法的政權就不具有合法性。如後梁太祖下令說：「兩稅外，不得妄有科配。」後唐莊宗說：「本朝徵科，唯有兩稅。」雖然在現實中，兩稅之外，雜稅頗多，但這並不影響兩稅的正統地位。

後世王朝對兩稅法的堅持

由於兩稅法實現了「履畝而稅」的帝國財政要求，因此兩稅成為宋代財政收入中不可動搖的正統項目。

宋代的兩稅，以錢、米兩項立額，被稱之為「夏稅秋苗」，意思是夏季徵收帛和錢，秋季徵收糧食和草。在制度上，兩稅都依據田畝的數量與等級來徵收，原則上自耕農直接繳兩稅給國家，而佃農則首先把地租交給地主，再由地主向國家繳兩稅（「農夫輸於巨室，巨室輸於州縣」）。原本與土地相關的各種附加稅，在宋初都逐步併入了兩稅。為徵收兩稅，宋代進行了多次土地清丈活動，並編制帳冊管理土地。不過，在宋代僅憑兩稅收入並不足以支持帝國應對外來入侵的威脅，於是財政上不得不轉向主要依靠工商業來增加財政收入。這一點到後面再說。

元代雖然也強調兩稅，但由於制度簡陋、統治者素質低下，因此財政上喜歡運用掠奪性稅商手段，從民眾那裡掠奪財富。

到了明代初期，朱元璋建制時吸取了宋元的教訓，重申兩稅作為國家正統財政收入的地位，徵收兩稅的時間也大大放寬，其中夏稅不得超過農曆八月，秋糧不得超過次年農曆二月。在形式上，兩稅繳納實物，以米麥為主，絲織品為副。在財政上，明代為避免宋元時期巧立名目妄取百姓財富的做法，堅守將兩稅作為國家正式財政收入的決心，並將兩稅的計畫收入一直保持在兩千七百萬石糧食。這一收入是正式財政收入的主體，幾乎占七十五%。與此形成鮮明對照的是，根據歷史學家黃仁宇先生的估計，宋代國家每年的財政收入大致在一億緡銅錢以上。每緡（一千文）銅錢與一石糧食大致相當，都差不多相當於一兩白銀。因此，明代財政收入大致為三千五百多萬兩白銀，而宋代一般在一億兩以上。可見，主要依賴兩稅的明代，財力要比宋朝差了很多。

清承明制，順治年間規定，兩稅按萬曆年間的《賦役全書》徵收，兩稅收入也都保持在正式財政收入的七十%以上。

明清兩代堅持將兩稅作為正統財政收入，並做到將其保持在主體收入地位，是帝國制度成熟的標誌。不過因為財政收入低、增長彈性差，這種做法也影響了國家履行責任的能力。這樣的財政制度，顯示出帝國此時內向與保守的特徵，並因逐漸僵化而帶來潛在的危機。對此我將在後面的章節再說。

小結

唐代中期由楊炎發動的兩稅法改革，不僅是一場挽救財政危機的制度調整，它所奠定的依託於田畝徵收兩稅的做法，還因契合了帝國履畝而稅的內在目的，而成為沿用千年的財政制度，並因此成為判斷政權是否正統的標誌。尤其到了明清帝國時期，兩稅成為正統財政收入，並且保持了它在正式財政收入中的主體地位。

本章內容有以下幾個方面值得重點關注：

一、兩稅法最大的優點是根據田畝面積來徵稅，這符合帝國以土地為支撐點的內在要求。兩稅法對國家財政管理來說徵稅標的清晰可見，對老百姓來說負擔相對公平，因而非常符合帝國的理想標準。

二、兩稅法標誌著帝國財政的主體收入方式，成功地從稅人轉向了稅地。這樣國家就不用再直接占有人口了，老百姓和國家之間的關係也不再是人身依附的關係，從財政視角來看，這個時候的中國才真正走出了城邦時代。

三、兩稅法雖然是一場挽救財政危機的制度調整，但絕對不是什麼臨時性的措施，甚至可以說，它是在中華帝國歷史中長期醞釀，直到唐朝中期才結出來的果實。

13 鹽利：為什麼鹽業收入是千年帝國的「救命錢」？

在上一章我說到了唐代中期楊炎的兩稅法改革。但其實，跟楊炎同時還有一位大臣叫劉晏，與楊炎可謂唐代財政的「雙子星」。他們雖然互為政敵，卻一起挽救了大唐帝國當時的財用危機。如果說楊炎的兩稅法改革是為帝國奠定了正統的財政收入制度，那麼劉晏的鹽法改革所謀取的鹽利，就是為帝國財政提供了必要的收入彈性，在後來常常扮演「救命錢」的角色。對於帝國來說，正稅方面的收入就像一個人日常吃飯，是必備的營養；而像鹽利這樣的財政收入，則是日常保健藥品和生病時的特效藥品。

有人曾經將國家獲取鹽利視為邪惡，稱為橫徵暴斂或者與民爭利。這樣的看法未免過於簡單。在劉晏改革之後，私商廣泛活躍在鹽業體制中，因此官民合作或者說政府與民營資本合作，並不是今天才有的新東西。你可能常聽人說揚州的繁華和鹽商的富裕，但要知道，它們就是官民合作模式造就的。不過，從近代揚州鹽商的衰落，我們也可以看到民間經營與徵稅制在財政上具有的發展的必然性。

什麼是鹽利？

在「財政之眼」一章我說過，古代中國的稅柄有三個，由此形成稅人、稅地、稅商三種財政徵稅方式，各有優缺點：稅人的優點在於簡單，點人頭即可，缺點是過於直接，稅痛感強烈，而且稅負一不公平就容易引起反抗；稅地的優點在於負擔公平，繳納多少田賦跟土地面積直接掛鉤，合法性也強，缺點是丈量技術複雜、帳冊管理困難；稅商的優點在於有自願買賣作為掩護，而且有可能轉嫁，所以看起來似乎「取人不怨」，稅痛感低，缺點在於管理成本高、偷逃稅容易。所以在帝國時期，常常混合運用以上三種方式，以達到揚長避短的效果。自漢代到唐初的田賦徵收，都是先授田再稅人，這是稅人與稅地的混合；而鹽利，則是稅人與稅商的混合，它實質上是人頭稅，但在商品交易環節徵收。

食鹽作為一種商品，有其特殊性：一是消費彈性低，每個人消費食鹽的數量幾乎相同，不會因為富裕而多吃鹽，也不會因為窮就不吃鹽，只要還能買得起，哪怕漲價也不會降低太多消費量；二是管理成本低，不是所有的地方都有鹽場，也不是所有的鹽都能食用，因此只要控制住鹽場就能有效地徵收管理。在歷史上，一般認為從姜太公、管仲開始，國家就想方設法從食鹽的消費中獲利，並認為它是一種「稅人於無形」甚至「有益於國，無害於人」的好方式。因為它既不會遭到抗拒，也不會影響消費。

對於食鹽，財政上的獲利手段無非三種：一是在生產銷售的所有環節實行國家專營，以獲取全部的壟斷利潤，當然也可以實行不壟斷的官營制獲取經營利潤；二是在部分環節實行許可制，從民間經營者那裡獲取許可費；三是實行徵稅制，放開讓民間經營，但國家徵收特別稅收（特別商品稅）。從這三種方式獲得的財政收入，可統稱為「鹽利」。不管運用以上三種方式的哪一種，一般都是透過對食鹽從量加價（每單位重量的鹽，提高的價格相同）實現的，這樣落在食鹽消費量相似的個人身上的稅收量幾乎相同，因此鹽利基本等同於人頭稅。作為本質上是人頭稅的鹽利，由於借助了稅商形式，所以是從商品交易過程中實現的「稅人」。

鹽利本身談不上邪惡，它只是國家獲取財政收入的一種方式。但是作為實質上的人頭稅，無論貧富都承擔幾乎相同數量的稅負，並不公平。尤其是如果鹽價過高，會嚴重影響貧民的生活水準。

劉晏對鹽業體制的改革

前文提到，漢代桑弘羊在鹽業方面，主要藉由國家專營制來獲取壟斷利潤。但鹽業專營帶來的是鹽業效率上的嚴重損失，比如食鹽的品質差、鹽價高，嚴重影響民眾的生活；同時，參與鹽業專營的大小官吏卻獲取了巨額財富，而國家獲利其實並不多。在南北朝直至隋唐初期，國家長時間實行食鹽的民間經營，不對其徵稅或者徵稅不多。在安史之亂後，財政極度緊張，有時甚至連皇室都沒飯吃。於是大臣第五琦在唐至德三年（758）恢復了桑弘羊實行的鹽業專營制度，只不過將生產的環節從桑弘羊的官制改為民制。

第五琦的鹽法，存在著與桑弘羊時期同樣的缺陷。於是劉晏在唐代宗寶應元年（762）整頓鹽法，將國家專營制改為許可制，實行民製、官收、商運、商銷，取消了官運和官銷兩個環節。鹽業的生產環節由有灶籍的鹽戶私人完成，但在運輸和零售方面引進私商的力量，政府只壟斷收購和批發兩個部分。這種做法類似於今天的土地批租制度，政府壟斷土地的收儲（官收）和拍賣（批發）部分，而將房產建造和房屋銷售交由房地產開發商進行。劉晏的做法取得了良好的效果，百姓食鹽供應改善，國家鹽利驟增，從年收入四十萬貫增加到六百萬貫。在兩稅法改革之前，唐代財政收入鹽利占了一半，宮廷耗費、軍事支出以及百官俸祿都嚴重依賴鹽利收入。

從唐中期直至晚清，鹽業體制大體遵循了劉晏採用的許可制。在正常情況下，這樣的鹽利可以補充兩稅收入，遇到特殊情況，還能利用緊急銷售許可證來獲得臨時性收入。所以說，鹽利為帝國提供了「救命錢」，尤其是在遭遇大規模入侵威脅的宋朝。這是因為，兩稅收入雖然是正統財政收入，但數額大體是固定的，甚至可能因為政府掌握的田畝數減少而降低。此時要獲取更多的收入或更大的財政彈性，就只能進一步依賴來自工商業的收入；而在來自工商業的收入中，鹽利占據首位。

鹽利也確實為宋代帝國「續命」做出了重要貢獻。獲取鹽利的上述三種方法，宋代其實都在使用，不過許可制（當時稱「鈔鹽制」）最重要。在那時，私商先向官府購買「鈔引」（即許可證），再從官府倉場憑鈔引買入鹽貨，然後在鈔引所指定的區域內自由出售。除了獲取財政收入外，鈔引還被用於其他用途，如吸引商賈運送糧食、物資到邊境和戰區，以換取鹽引，這就是「入中」制。入中制度事關軍需供給、邊境穩定乃至國運維繫。

揚州鹽商為什麼那麼富？

劉晏改革鹽業制度後，後世王朝基本上都實行許可制，變化的無非是許可證的名稱（「引」或者「票」）、售賣許可證的機構（國家機構或者皇家機構）、購買許可證的形式（貨幣或者某種實物）、購買許可證的主體資格（有限制或者無限制）、許可銷售地的範圍大小、批發與零售價格是否固定等。

比如，在明代初期實行的「開中法」就是一種許可制，類似於宋代的入中制，要求商人運糧食（或者軍隊需用的馬匹、鐵、茶等）到指定地點（一般是邊關），交換鹽引，再憑藉鹽引去批發食鹽，然後去零售。明代中期，開中制改為折色制，允許鹽商直接用銀兩購買鹽引。

不過到了萬曆年間，鹽引積壓嚴重，鹽商沒有積極性。於是朝廷將鹽業制度改成綱鹽制，要求鹽商從分散經營改為結成「商綱」，規定只有在冊的商綱才可以購買鹽引並從事食鹽的批發零售，而且准許這樣的壟斷資格可以世襲。

到清代，綱鹽制繼續實行，少數幾家鹽商事實上壟斷了食鹽的銷售。由於清代雍正、乾隆、嘉慶年間，中國人口劇增至三億左右，於是食鹽產銷兩旺，鹽商獲得暴利。

在為數不多的具有世襲壟斷權的鹽商中，最為重要的是生活在揚州的鹽商。這是因為，揚州不僅靠近食鹽的重要產地兩淮鹽場，而且因臨近長江、淮河和漕運通道京杭大運河，交通極為便利。於是揚州因鹽而興。以乾隆三十七年（1772）為例，揚州鹽商賺了一千五百萬兩銀子，上繳的鹽利有六百萬兩，占全國鹽利的六十%。揚州鹽商的富裕，帶來了城市的發達及文化的活力。今人熟悉的「揚州八怪」就活躍於此時。當然，成也蕭何，敗也蕭何。揚州鹽商的壟斷特權在道光時期被打破，此後鹽商就風光不再。

走向現代徵稅制

由於在綱鹽制下，鹽商經營效率低下，鹽業管理人員貪腐嚴重，國家從中獲利其實不多，上繳的鹽利也常常嚴重拖欠。於是在道光十一年（1831），清政府在兩淮地區改行「票鹽制」，即把引改為票，允許民間商人在繳錢（固定批發價加上雜課）獲票後，在指定州縣自由零售食鹽。後來，在厘金制度廣泛實行後，對鹽也徵收鹽厘。事實上，此時的票鹽制已接近於徵稅制，從量徵收的雜課與厘金相當於交易稅。原有鹽商的壟斷地位也因此被打破，鹽業競爭性加強。新的制度，大大提高了鹽業經營效率，食鹽品質提升、價格下降，國家收入迅速增加。

到了民國二年（1913），北洋政府以「就場徵稅、自由貿易」為原則整頓鹽法，正式對鹽業實行徵稅制。雖然遭到鹽商、鹽業機構官吏等既得利益者的反對，但在外國勢力干預及社會輿論的壓力下，有效率的徵稅制在不少區域陸續實施。國家徵稅機構也因此發展，徵稅能力有所提高，中央政府獲得的鹽稅大大增加。鹽稅成為僅次於關稅的第二大收入項目，為北洋政府應對層出不窮的危機發揮了相當大的作用。鹽業的徵稅制，後來被國民政府全面繼承並積極推行。鹽業與鹽利，也就此逐步走向現代。

小結

國家獲取鹽利，實際上是稅人與稅商兩種稅柄的混合使用。劉晏創設的鹽業許可制，為帝國獲取了可用來救命的大量鹽利。在許可制中允許私商世襲壟斷的綱鹽制，奠定了揚州鹽商的富裕。不過，不管是專營制、官營制還是許可制，是全面壟斷還是部分壟斷，只要有壟斷，就免不了產生老問題，經營效率低、產品品質差、鹽價高等。以放開民間經營為前提的徵稅制，才是真正最有效率也最有利於國家的鹽利制度。

本章內容至少以下幾點值得重視：

一、楊炎和劉晏雖是政敵，但他們推行的改革挽救了安史之亂後唐朝的財政危機。楊炎的兩稅法，為帝國奠定了正統的財政收入制度；劉晏的鹽業改革，為帝國財政提供了收入彈性，常常扮演救命錢的角色。

二、因為帝國時期食鹽消費彈性低且不可替代，消費數量在人際之間變化不大，所以鹽利本質上是人頭稅。從鹽業獲取財政收入，實質上是稅人與稅商的結合。

三、劉晏的鹽業改革把國家專營改成了許可制，實行民制、官收、商運、商銷的流程，這種設計很容易吸引私商的參與，效率大大提高，鹽的品質和數量也得到了改善和增長。這樣的鹽業許可制，正常情況下可以補充兩稅收入，遇到特殊情況，還能藉由緊急銷售許可證來獲得臨時性收入。

四、從晚清到北洋政府，鹽業體制改為「就場徵稅、自由貿易」的制度，效果更好，國家也因此獲得更多的收入。

14 稅商：為什麼商業發達救不了大宋？

從稅柄來說，國家在財政上可以實行稅人、稅地或稅商。因為重農抑商是歷代王朝的國策，所以一般由稅商獲得的財政收入不多。可是帝國時期的宋王朝是異類，在國策上就重商，商業也發達，財政依靠稅商所得超過了稅地。常有人說，宋王朝「積貧積弱」。說大宋「弱」也許有道理，如果是指它沒能恢復漢唐舊土，還在金和蒙古的打擊下，接連喪失國土直至最終亡國的話。但大宋肯定不「貧」，它的財政收入數量遠超其他王朝。

現代財政有一個名詞叫「拉弗曲線」，用來描繪政府稅收收入與稅率之間的關係。「拉弗曲線」說明高稅率和強徵管可能造成稅收數量的減少而不是增加。事實上，宋高宗對秦檜就表達過同樣的意思，那就是設置更多的徵稅機構去加強徵管，在關卡徵多次「過稅」，並不會帶來更多的稅收收入，反而既傷害民眾也傷害國家（「比聞州縣多創添稅務，因此商旅不行，所在貨少，為公私之害」）。你看，宋高宗都懂得的道理，不需要等到八百年後再由美國的拉弗（Arthur Laffer）教授來闡明吧。

宋代的商業為什麼發達？

一幅《清明上河圖》，告訴我們宋代商業極度繁榮的狀況。可為什麼會這麼繁榮？今天的我們，也許能找出很多原因。比如中華文明在經濟和文化上的積累在此時迸發，像生產工具的革新、農作物新品種的引進，還有農業耕作方式從單作制變成雙熟制等。此外，士族門閥在唐末的徹底消亡也是一個原因，由此誕生的平民社會，給社會流動和契約形成帶來極大的機會，由此創造出更大的市場範圍，並帶來更精細的分工。這些當然都對，但我要說的是，最主要的原因，恐怕是宋代自開國以來就實施的重商政策。

宋代的重商，奠基於初始的「不立田制，不抑兼併」國策。我在「兩稅法」一章說過，在唐中期之前，君主經常利用調整田制來重申自己的產權，同時保證民眾有土地來承擔田賦。但在兩稅法之後，國家正稅只依賴於稅地，土地歸誰對國家沒有影響，只要土地主人照實按田畝繳稅即可。於是宋初統治者規定，國家不再干預田制，土地就此真正成為可交易的普通商品。契約性的土地買賣和租佃關係由此得以發展，土地和人口的流動增強，農作物和經濟作物可以廣泛地進入市場，或者為市場而生產。農業領域有濃厚的商業氣氛和農業生產，又為以雇傭勞動為特徵的商業和手工業的發展奠定了基礎。

宋代的重商政策，還體現在一些具體的政策設計方面。比如，宋代初始，國家就基本上取消了過去王朝對商人在政治、經濟、社會生活上的歧視政策，承認士農工商「四民皆本」，特別肯定富商大賈「為國貿遷」的作用。流風所及，有不少官宦人家，甚至以娶到有錢商人家的女兒做兒媳婦為榮。宋代還將經濟機會廣泛地向私人開放，允許和鼓勵商人進入生產和貿易等活動中。在社會管理方面，國家也向有利於商業活動的方向發展，比如完全廢除了唐代定時定點的坊市交易制度，城市經濟生活完全開放。

特別能體現宋代重商並因此進一步推動商業發展的，是宋王朝制定的系統的商稅徵收條例。宋太祖建隆元年（960），國家就下令明立「商稅則例」，並且公布於眾，不許官吏擅自增稅，竭力約束大小官吏勒索刁難商賈等。國家還制定了許多政策法規，用來嚴格市場管理、統一度量衡器、保護私人財產。

◆宋帝國為什麼會重商？

宋代為什麼會對商業重視到將其上升為國策的地步？對於這個問題，今天我們可以總結出許多原因，比如延續五代各政權的政策慣性等。但最重要的原因恐怕在於，宋帝國始終處於國家生存競爭之中，同時或先後要應對契丹、黨項、女真、蒙古等少數民族建立的強大帝國的武力威脅；為了凝聚內部力量以有效應對外來危機，政府不得不承擔起養兵、養官、養民三大職能，為此需要重商以增加財政收入。

所謂養兵，是說宋代不得不建立專業化的軍隊，人數多、組織和裝備程度高，以至於軍費開支龐大。所謂養官，是說為了贏得知識份子的忠誠，宋代不得不對官吏採取優待政策，科舉錄取人數多，官吏數量大、俸祿厚、賞賜多，為此官俸支出極高。所謂養民，是指宋代不僅繼承和發展了過去的荒政，盡一切努力用糧食救濟災民，還發展出「由胎養到祭祀」的福利制度，利用財政資金舉辦各種社會福利項目等。

如此巨大的財政支出和頗為積極的國家職能，自然要求財政收入必須有巨大增長來支撐。可是依田畝而徵收的正統兩稅，在宋太宗至道年間，收入數額就已達到了兩宋時期的最高水準，此後不再增長，因而不能以此應對危機。所以，宋代在財政上必須採取其他途徑，那就是努力從工商業獲取財政收入來源，實行稅商。因為稅商的存在，國家與商人成為命運共同體，所以宋代在國策上才如此重商。對此，宋末元初的學者馬端臨就總結說，以前的國家厭惡商人從事商業行為，就立法加以抑制；現在的國家要想分商人的利，於是立法加以保護：

古人之立法，惡商賈之趨末而欲抑之。後人之立法，妒商賈之獲利而欲分之。

宋代如何稅商？

宋代實現稅商，主要有兩條途徑，一是針對消費彈性低的特殊商品實行禁榷制度，二是對消費彈性一般的普通商品徵收商品稅。上一章說過，宋代在食鹽產業中混合使用了官營制、許可制和徵稅制，這種混合的制度可統稱為禁榷制。大致說來，禁榷的目的就是把私商的力量廣泛引進低彈性特殊商品的經營領域，以提高效率、降低成本，國家也分享其中增長的利益。除了前面說過的鹽利外，國家還對酒、茶、礬等商品實行禁榷。禁榷收入，主要以貨幣形式獲得，其數量與兩稅收入相當甚至超過（貨幣、尤其是紙幣本身也成為財政收入的來源之一，「回買公田」一章將說到這個問題）。這是宋代財政收入獨冠歷代王朝的祕密。「兩稅法」一章提過黃仁宇先生的一個估計，他認為依靠兩稅的明王朝每年的正式財政收入在三千五百多萬兩白銀，而宋王朝達到一億多兩。

特別是南宋，它利用海路與阿拉伯商人從事大量的貿易活動，其中香料是最重要的商品。由此獲得的混合海關稅、官營外貿利潤、許可費的市舶收入，在避免南宋王朝財政崩潰的過程中發揮了巨大作用。歷史學家白壽彝估計，在南宋初年，僅市舶收入就能占到全部財政收入的五分之一。

除了禁榷收入外，稅商還表現為對普通商品徵收商品稅。在宋代，政府在上至京城、下至縣鎮的廣闊範圍內，廣泛設置各級徵收商稅的機構，形成了一個比較完整的商稅網。涉及生產、生活的物品，大多要徵稅。商稅的種類，主要是在過關卡時徵收「過稅」，以及在市場就交易額或商人財產徵收「住稅」，此外還在貨物買賣需國家確認產權時徵收契稅等。相對而言，疆土面積較小的南宋，在財政上更加倚重於商稅。

稅商為什麼救不了宋帝國？

文化璀璨之宋帝國的滅亡，總引起人們的同情。在今天看來，對外戰爭的失敗只是其中一個原因，而內部財政崩潰則是另一個值得關注的原因。這種財政崩潰，在相當程度上又與稅商有關。支撐宋王朝財政的稅商，為什麼又與大宋的財政崩潰有關呢？

前面說過，宋代稅商，藉由對一般商品徵商稅、對特殊商品實行禁榷，獲取的收入有效幫助了帝國應對國家間的生存競爭。不過，商稅收入主要取決於商品經濟的發達而不是高稅率與強徵管。在遠離工業革命的時代，能夠用於交易的商品數量總是有限的，因此可用來徵稅的經濟剩餘也極為有限。至於高稅率與強徵管，若達到了一定程度，讓商人無利可圖，商業活動就會減少，商稅將不增反減。這一點，本章開頭提及連宋高宗也早已認識到。在實踐中也確實如此，雖然商稅徵收在加重，但到宋英宗以後，商稅數額未再見增加。至於針對特殊商品獲取的禁榷收入，自然也有其限度，增加收入越來越困難。到了南宋後期，其他特殊商品的禁榷收入已不能增長，只有人頭稅性質的鹽利成為越來越重要的禁榷收入。這實際上表明對特殊商品的稅商已達到極限，只能單純依靠鹽利這樣的人頭稅措施來重度盤剝民眾。

稅商獲取的財政收入難以增加，宋代統治者就只好進一步地增加兩稅的附加稅。增加兩稅附加稅這樣具有壓迫性的稅收，民眾難以逃避且稅痛感強烈。到了南宋，由於國土面積變小、軍事壓力增大，中央政府屢屢向地方政府徵調財賦，或者把一些開支項目轉移給地方，地方政府為此不得不以附加稅或各種苛捐雜稅為由向民眾徵斂。由於徵斂壓力來自上級，當地方官吏在徵斂時貪腐，上級也難以禁止。在這些額外的徵斂之下，百姓的處境日趨惡化。民生凋敝，帝國因損害了自身的基礎而無力應對外來武力，最終崩潰。正像唐太宗的名言：

割股啖腹，腹飽身斃。

小結

宋代始終處於國家生存的競爭之中，為此在財政上養兵、養官、養民，導致支出巨大。為了應對支出需要，不得不主要依靠稅商，從一般商品稅和特殊商品禁榷收入中獲取財政收入的增長彈性。為此，宋代自立國起，就制定了高度重商的國策，但在宋代，工商業能提供的財源畢竟有限，國家只好利用鹽利等人頭稅和苛捐雜稅等稅商措施來斂財，最終導致民生殘破。可以說，大宋帝國「成也稅商，敗也稅商」。

本章內容至少以下幾點值得重視：

一、宋王朝比起漢唐王朝要顯得弱，但並不貧。宋朝商業繁榮，還成功實行了稅商，財政收入數量遠遠超過了其他王朝。

二、因為宋帝國始終處在國家生存競爭中，所以在立國之初就把重商作為國策，取消對商人的歧視政策，開放各種經濟機會給私人，還制定了系統的商稅徵收條例。

三、宋朝實現稅商主要靠兩個途徑，一是對消費彈性低的特殊商品實行禁榷制度，二是對普通商品徵收商品稅。

四、宋朝商業再發達，也還是農業社會，能夠用來交易的商品數量是有限的，稅商可及的經濟剩餘也是有限的。商人因重稅無利可圖，商業活動就會減少，最終稅商收入不增反減，也因此損害了經濟基礎與民眾支持，在外來武力打擊下，大宋滅亡。

15 理財術：王安石變法如何挑戰帝國整體制度？

在法國國王路易十四時期，財政大臣科爾貝（Jean-Baptiste Colbert）給稅收下過一個經典的定義：「稅收是一種拔鵝毛儘量讓鵝少叫的藝術。」收稅是一項藝術，如果能達到「民不加賦而國用饒」，那顯然就達到了最高水準。北宋時期的王安石，在變法時聲稱他的理財術就是這樣。千百年來，對王安石和他的變法措施，一直議論不斷。讚頌者認可王安石的變法勇氣，稱讚他的「天變不足畏，祖宗不足法，人言不足恤」的「三不足」宣言至今仍能鼓舞改革者的行動；否定者認為，王安石變法追求財利擾動天下，造成民生貧困，應該為北宋滅亡負責。但無論是讚頌還是否定，幾乎一致的意見是，王安石變法失敗了。

可我要說的是，從解決北宋財用危機的角度來說，王安石變法並未失敗；只不過比起兩稅法這樣沿用千年的制度來說，王安石的變法措施後來幾乎被廢盡，可說是失敗。即便說王安石變法確實失敗了，那也不完全是前人所說的那些原因，比如皇帝性格軟弱，王安石動作急躁，或者大地主、大官僚的抵制等。王安石變法的失敗原因，是受限於帝國的整體制度。

王安石的理財術

在上一章我提到，宋帝國始終面臨著巨大的外部威脅。為了應對生存危機，財政上一直有巨大的支出壓力。王安石提出，善理財者不用擔心財用不足，只要理財有術就會有充足的財力：

蓋因天下之力以生天下之財，取天下之財以供天下之費。自古治世，未嘗以不足為天下之公患也，患在治財無其道耳。

王安石肯定，自己的理財術可以實現「民不加賦而國用饒」。

義大利經濟學家帕雷托（Vilfredo Pareto）有一個概念，現在稱為「帕雷托改善」

（Pareto Improvement），說的是在增進或至少不傷害一方利益的前提下，設法提高另一方的利益。顯然，王安石標榜的理財術，如果真能做到以不傷害民眾為前提，創造出更多的財政收入，那就是一種帕雷托改善。與傳統財政的靜態取財不同，這是一種動態生財的辦法。

從現代財政的眼光看，能夠動態生財無非有以下幾個途徑，而王安石變法正好都能體現。

第一條途徑是發展生產、創造經濟增值，「農田水利法」正好體現。王安石試圖藉由大力興修農田水利、鼓勵提高農業技術，以此來發展生產，增加官、民雙方的利益。

第二條途徑是藉由自願交易行為來增加官民雙方的效用，「免役法」和「保馬法」的目的就是如此。「免役法」允許那些苦於差役的人出錢免役，官府則花錢雇役，免役的人效用因此提高，政府也因收大於支而獲得增收。「保馬法」是官府資助民間養馬，以代替原來耗資巨大、效果極差的官方牧場，這樣既節約了政府開支，又增加了養馬戶的收入。

第三條途徑是藉由市場深化來獲取財政收入，「青苗法」、「市易法」就是這個思路。在宋代經濟發展過程中，出現了對資本借貸的要求。而國家利用兩稅法和稅商措施，徵收了大量的錢糧，放在庫房中並不能創造經濟增值。於是，王安石藉由「青苗法」，將官府手中的錢糧，按低於民間高利貸的利率貸給民眾，既可以幫助民眾度過青黃不接的春荒，又讓官府獲得利息收入。「市易法」規定，設立機構向商人提供低息貸款，或者貸款給官營商號去收購商旅賣不出去的貨物，以待機轉賣。這是把官府庫房中的錢糧資源，轉化為資本性商品。

第四條途徑是藉由加強財政管理來擴大財政收入，「方田均稅法」就是這樣。「方田」是清丈田畝、整理土地帳冊，「均稅」是落實「履畝而稅」。這樣既能增加財政收入，又能減輕普通民眾的負擔。

理財術的特殊之處

從王安石變法的本意來看，它確實是一種動態生財的理財術。不只是這樣，如果你跳出宋朝，從整個帝國歷史來看，還會發現王安石變法很有新意。

在帝國財政史上有一個突出現象，王朝中期一般都會進行財政改革，但改革大多遵循如下的常規路徑。

財政收入改革，一般都是努力恢復以農戶家庭上繳的田賦為主要收入形式。在做法上，要麼調整田制，努力保障小農家庭對土地的分散占有，以使其有承擔田賦的能力；要麼藉由土地清丈、嚴格帳冊管理，從而將田賦負擔落實在田畝基礎上，實現「履畝而稅」。財政支出改革，一般是努力貫徹量入為出的原則。在做法上，大多是壓縮各項開支特別是皇室與官俸支出，削弱國家的部分職能，從而以有限的支出來維持帝國固定有限的職能。

在財政管理上，除了加強行政管理的正規化之外，主要是嘗試用不同的方法來調整低彈性特殊商品的管理體制。在做法上，要麼更多地引進私商，要麼加強國家的壟斷，以期望獲得更多的收入。王安石變法既是歷代王朝中期財政改革的一次重演，理財術的許多內容也遵循了帝國財政改革的常規，比如方田均稅法、農田水利法、免役法等，又具有相當的新意。

在財政收入方面，王安石更為重視採用平等交易的商業行為來增加收入。他試圖在民眾自願的前提下，透過雙方交易來增加彼此的收益，比如在保馬法中官民兩便的合作，青苗法中將未商品化的資源投入市場等。

在財政支出方面，王安石突破了傳統財政「量入為出」的原則。他不相信壓縮官俸等支出對財政有意義，認為「增吏祿不足以傷經費也」，聲稱只要理財得當，就能藉由大幅增加收入來滿足支出的需要。

在財政管理方面，王安石並不依靠調整特殊商品管理體制來增加財政收入。他的理財術，幾乎沒多在鹽、茶等特殊商品方面做文章。可後來打著他新法旗號的蔡京，主要手段變成了從特殊商品管理方面斂財，失去了王安石的新意。

王安石變法失敗了嗎？

前面說過，單純從解決財用危機來說，王安石變法算不上失敗，它大大增加了北宋在當時那個時期的財政收入，支持了國家對外用兵的行動。比如，變法後的宋神宗元豐年間，比變法前宋仁宗當皇帝的嘉祐年間，財政收入增加了六十三%以上。但王安石宣稱的「民不加賦而國用饒」的目的，卻未達到。比如，本應該對生產影響最為直接的農田水利法，因各級官吏弄虛作假，大多以費官財、勞民力而告終。在免役法實施過程中，原來沒有差役負擔的人戶也要納錢助役；但徵收免役錢後，官府又命保甲組織無償承擔差役事務。以借貸生息為指向的青苗法，也衍變成單純的斂財工具，官吏們根本不去考慮民眾對實際資金的借貸需求，強行把錢糧攤派給他們，然後要求他們到期歸還本息。所以，到後來新法大多異化為殘民措施。北宋熙寧九年（1076），王安石辭去宰相，一直反對變法的司馬光上任當了宰相，變法措施幾乎被全盤廢棄。

千百年來，人們都在追問王安石變法為什麼會失敗，總結出來的原因真是說也說不盡。在今天看來，即使判斷王安石變法失敗，那最為重要的原因也不是別的，而是它對帝國整體制度構成了挑戰，最終這一挑戰並不成功。

首先在財政收入方面，他試圖以商業行為來增加收入是不可能成功的。要透過商業行為，以自願交易為手段增加雙方的效用，至少得有兩個前提：一個是比較堅實的個人產權基礎，如此才有交易的物件；另一個是比較健全的市場中間組織，如此才有交易的管道。但在帝國時期，君主在理念上擁有天下所有的財富，財產權並非嚴格的個人私有制，也缺乏嚴格的法治基礎。大規模的中間組織，如銀行和商業公司等也非常缺乏，交易管道極其狹窄、交易成本過高。比如，黃仁宇先生曾舉例說，在青苗法中，官府庫房中的錢財需要有現代銀行作為中間組織才能將其轉化為資本，以完成借貸、回收本息的過程，但那時的大宋並不具備這些，最終帶來的只是赤裸裸的權力壓榨。

其次在財政支出方面，要突破「量入為出」的原則是難以成功的。王安石試圖藉由開發財富來增加收入，以應對支出的增加。而要開發財富源泉，就意味著帝國必須擔負起更多的經濟和社會職能，開發富有經濟剩餘的工商業經濟。這樣原先以有限職能為前提的財政支出，就需要轉變為以促進資源開發和推動工商業經濟發展為主要方向。可財政支出方向的調整，意味著帝國制度與運行原則再也不能停留在原地，而必須整體向現代轉型。在當時的歷史條件下，可能性有多低可想而知。

最後在財政管理上，王安石變法對當時的官僚制度與官僚能力提出了過高的要求。王安石變法，既需要各級官吏有為民眾提供服務的願望，又需要他們有為民眾服務的能力。為此，不僅需要在道德倫理上對各級官吏進行教育和約束，更重要的是官吏的去留應由民眾決定，這就顯然對建立民主制度提出了要求。而要使官吏具備為民眾服務的能力，就需要改變官吏的教育和選拔方式，這又對教育內容與科舉方式提出了變革的要求。王安石在變法過程中確實也對科舉方式進行了改革，但並不成功。

小結

王安石變法是想用理財術來實現「民不加賦而國用饒」的目的。在當時，王安石的做法對解決財用危機有一定作用，但因為挑戰的是整個帝國制度而歸於失敗。從梁啟超開始直至今日，有無數人惋惜王安石變法的結局。我覺得除了因為在人心思變的大環境下，大家都期盼出現有勇氣的改革者之外，可能還有以下兩個原因：第一個原因是，王安石變法運用商業手段來管理財政，這件事特別有現代色彩，所以這份惋惜實際上是對中國沒能靠自己生發出來的力量走向現代國家表示遺憾；另一個原因是，在中國古代治國理財的實踐中，重農抑商這個正統原則，始終壓制著重商這個非正統原則，王安石、管仲、桑弘羊等人的做法，其實是代表了少數的例外，所以這份惋惜表達的也是對晚清以後重商原則上升為主導性原則的歡迎。

本章以下內容值得重點關注：

一、王安石認為，自己的理財術不同於在現有財富上盡可能多取的靜態取財觀，而是一種可以在不傷害老百姓的前提下創造更多收入的動態生財觀。

二、王安石動態生財的四個途徑分別是：靠發展生產來創造經濟增值；利用自願交易行為來增加效用；藉由市場深化來獲取財政收入；透過改進財政管理來擴大財政收入。

三、王安石變法大大增加了北宋的財政收入，支持了國家對外用兵的行動。變法後的元豐年間比變法前的嘉祐年間，每年的財政收入增加了六十三%以上。

四、王安石變法措施後來幾乎被全盤廢除，之所以遭遇如此的失敗，深層原因是它無力挑戰帝國的整體制度。

16 軍事財政：為何帝國千年無法擺脫兩難困局？

還記得我在「前言」中說過的岳飛的事嗎？我們熟悉的歷史是，在郾城大捷後，岳飛被十二道金牌召回。岳飛為什麼那麼聽從命令？除了他的忠心，除了韓世忠等其他將領已經奉詔之外，最重要的是財政上的原因；在宋代的軍事財政制度下，岳飛不得不服從。

這一章說說帝國時期的軍事財政制度，以及帝國在制度設計時碰到的兩難困局。

◆ 岳飛服從命令的原因

為了不讓唐末五代時期的藩鎮割據局面重演，北宋初期在軍事上設置了兵、將分離的制度，但由此導致的「兵不識將、將不識兵」，又嚴重影響了軍隊的戰鬥力。金兵入侵後，在那幾支始終處於戰鬥前線的軍隊之中，將領與士兵建立了密切的私人關係，戰鬥力因此提升，並形成了像岳家軍這樣以統帥為核心的家軍制。不過，由此也帶來了中央對軍隊的支配權的減弱。於是在宋金達成和議後，幾支「家軍」被迅速整編為皇帝的御前禁軍。

為什麼南宋朝廷能夠如此順利地收回兵權呢？一個非常重要的原因是，即使在家軍體制下，絕大部分軍費也由中央集中供應。在「前言」中我提到，以南宋紹興七年（1137）為例，當年中央財政收入勉強達到六千萬緡（貫），而供應岳家軍的軍費就接近七百萬緡。岳家軍之所以可以「凍死不拆屋」，岳家軍之所以能被順利地收為御前軍，主要原因在於中央財政機構一直在拚命地保證軍隊的後勤和軍餉。當時，中央財政極其困難。在國土面積幾乎只剩下一半的條件下，朝廷要供應軍費，一是靠進一步地從鹽、茶、香等特殊商品的禁榷制度中獲利，二是增加各種附加稅，三是實行經界法，清丈田畝，努力徵足兩稅，四是竭力節省開支，大大減少皇室供奉與祭祀支出，連官員俸祿也常常只發一半。由於在北方作戰的軍費，基本都由南方僅剩的疆土範圍供應，苦於軍費負擔的民眾，對於議和休戰的呼聲很高。這也是宋高宗召回岳飛，而岳飛不得不服從的大背景。那這麼一說，是不是就證明宋朝這種軍事財政制度不好呢？還不能這麼下結論。

兩種軍事財政制度

宋朝的這種軍事財政制度，叫作募兵制，即招募職業化士兵，長期脫離生產，持續地訓練，以便掌握專業化武器和複雜的組織方式，能夠隨時展開防禦或準備進攻。這樣的話，配套的財政管理就是集中供給制，國家得統一負責士兵的裝備、薪酬等，這當然就需要巨大的軍費支出。

在帝國歷史上，還有另一種和募兵制相對的軍事財政制度，叫兵農合一制，即授田於全體或部分農民，由他們平時耕種土地，農閒時參加軍事訓練，戰時自帶裝備參與戰爭。國家平時不支付薪酬，只在戰時供應糧草與賞金，士兵還可以獲得戰利品。這樣，財政管理上就是分散負擔制，絕大多數軍費並不顯示為財政支出，而是分散到民眾家庭。前面我說過，這是把軍事成本內化為民眾自身的負擔。

在整個中華帝國漫長的歷史上，軍事財政制度就是在募兵制與兵農合一制兩種制度之間來回交替，或者運用某種組合的方式，努力在成本與效果之間尋求平衡：募兵制財政成本高，但作戰效果好一些；兵農合一作戰效果差，但財政成本低。

自戰國直至漢代，國家實行的是兵農合一制，常備的專業化士兵只維持很小的規模。

但是兵農合一制度並不能滿足龐大的帝國與經常性的戰爭要求，特別是在雄才大略的漢武帝統治期間，因為經常打仗，物資調運與兵員配備任務巨大，對士兵的素質和數量的要求也越來越高。於是，漢代國家開始普遍地徵收代役金，將普通民眾的兵役負擔轉化為財政義務，並用這樣的資金支援逐漸擴大的職業軍隊，即轉向募兵制。

「租庸調制」一章說過，從北朝至隋唐初期，國家在關中等部分地區對一部分百姓實行「府兵制」，這又是兵農合一制度。這樣的做法在唐中期被逐漸放棄，募兵制代替府兵製成為主要的軍事制度。到了宋代，全面繼承了這種募兵制。

可到了明代初期，明帝國以衛所和軍戶制度為主體，在一定程度上再度恢復了兵農合一制。與府兵制的不同在於，衛所遍布全國各地，軍戶有專門的軍籍、專門的土地，供他們平時耕種。無論平時還是戰時，軍戶都受軍事上級的管理，每家都有專人參軍並接受常年訓練，再由自家土地出產負責供應，這似乎是結合了府兵制（軍費分散為民眾家庭負擔）與募兵制（士兵接受常年訓練）的優點。在歷史上，曾有人對這個制度有很高的評價，說：

> 一軍之田，足以贍一軍之用，衛所官吏俸糧皆取給焉。

不過，在黃仁宇先生看來，這一說法是一個神話，不足為信。到明代中期，由於衛所的土地大多被軍官兼併，軍戶淪為軍官的佃農，甚至大量逃亡。在衛所制度敗壞的前提下，募兵制再次興起。我們熟悉的戚家軍就是募兵制下的軍隊，軍費由國家統一供給。到了清代，仍實行募兵制，以滿族、蒙古族人為主的八旗軍隊和以漢族人為主的綠營軍隊，都由財政集中供給。

◆不可承受的帝國軍費之重

在募兵制和財政集中供給制度下，軍費開支體現為帝國的主要財政支出，尤其是在發生軍事行動之時。在兩宋期間，由於戰爭頻繁，軍費開支經常占財政支出的八十%以上。到明代初期，由於外來威脅不明顯，再加上實行衛所和軍屯制度，在財政上軍費開支一度不高。但從明代中後期開始，由於募兵制大量代替了衛所制，加上戰爭頻繁，軍費開支常年占財政支出的六十%以上。到崇禎年間，由於清朝在東北興起，軍情緊張，軍費開支大增，甚至國庫都被掏空，軍事行動只能依靠皇室財政來維持。在清代初期，軍費開支的比重仍然極大，如康熙初年的軍費支出占財政支出的比重超過八十％。在此之後，軍費開支比重稍有下降，但也基本在五十％以上。到了晚清，由於對外戰爭接連失敗，加上內部叛亂不止，軍費支出呈現出爆發性增長的趨勢。軍費成了吞噬財政的黑洞，國家很少有財政資源去履行最具有公共性的社會與經濟職能。

在軍費支出大規模增長、帝國正常財政收入不敷使用之時，除了壓縮開支、特別是公共性比較強的社會經濟支出外，主要的應對手段有三個：一是依靠增收田賦附加稅；二是靠捐獻，即出售官爵、動員鹽商報效；三是宮中府中節約消費，硬性扣減官吏薪俸等。這樣的措施一用再用，勉強讓帝國渡過了因軍費開支增長引發的歷次臨時性財政危機。只是到了晚清，上述措施也到了極限，再也無法應對軍費增長和戰敗賠款帶來的財政危機。

◆帝國框架內難以解決軍事財政問題

帝國以土地為支撐點，共同體的公共權力表現為君權，以君主擁有天下土地的產權形式來實現共同體對土地的占有。這樣，共同體對外擴大生存空間或者保護現有文明的要求，就表現為君主對外擴張的雄心或者防備外敵奪取江山的私心；共同體內部破壞秩序的行為，就表現為對君主個人的叛亂。國家承擔的對外戰爭與防禦，對內平叛等活動，在財政上就表現為軍事支出。該項支出既有利於君主也有利於國家，對老百姓來說也是好事，因為在穩定和平的社會環境下才能夠安居樂業。

對外的擴張，可能在兩種情況下終止：一種是國與國之間誰也征服不了誰，於是在戰爭的鐵砧板上打造出國家間的邊界；另一種是遇到擴張的自然邊界，即在自然條件約束下帝國再行擴張的成本明顯高於收益。到了明清時期，部分原因是因為歷史上跟游牧帝國的互動在此時大致達到了雙方力量的均衡，但更多的是因為自然邊界的約束，中華帝國看上去失去了對外擴張的意願與能力。比如清代的統治者，在領土方面的最高目標僅是恢復漢唐舊土，再也沒有對外擴張的欲望。再加上清政權是由滿蒙少數民族聯合入主中原而建立的，傳統上針對游牧民族的軍事防禦也不再重要。於是此時的軍隊，主要任務已轉為鎮壓內部的叛亂。直至清末，隨著西方列強的入侵，情況才有了變化。

如果說在中華帝國的前期和中期，軍隊與軍事財政在一定程度上履行了內外安全的職能的話，那麼到了晚期，效果越來越差。到了清代，民眾用巨大的財政開支所供養的軍隊，只是用來鎮壓內部的自己人。在太平天國運動中，清政權甚至不能有效地恢復內部秩序。更不用說，在西方列強的入侵戰爭中，清王朝軍隊節節失敗。對內不能恢復秩序，對外不能防範侵略，那麼以如此巨大的軍費開支所維護的帝國，還有什麼存在的價值呢？

宋高宗曾經說：

用兵惟在賞罰。若用命者必賞，不用命者必罰，何患人不盡力？

在他以及所有的皇帝看來，士兵本質上就是雇傭兵，只有錢才能讓他們賣命。正因如此，帝國軍費開支負擔才會越來越沉重。義大利思想家馬基維利（Machiavelli）曾警告統治者，雇傭軍既糟糕又危險，他們只對軍餉感興趣而無忠誠可言；事實上，雇傭軍既沒有足夠的能力擊敗敵人，又可能反過來危害國家或者君主。

今天的我們知道，唯一可靠的軍事制度是徵召民眾組建國民軍，由國民出於責任感保衛自己的國家。可要讓國民願意納稅並為這樣的國民軍志願服役，前提是國家的成立必須基於公意，並且為公共利益服務。只有這樣，才能讓民眾感覺到保衛的是自己的國家。這樣的國家顯然只能是現代國家而不會是帝國。所以，說到底在帝國框架下，並無真正解決軍事財政問題的辦法，曾經有效幫助中華民族生存、文明擴展的帝國制度，該退出歷史舞臺了。

小結

帝國的養兵方式似乎只能是在兵農合一制和募兵制之間來回選擇。在兵農合一制度下，士兵無法適應長時期與大規模戰爭的需要，而募兵制形成的軍費開支容易成為吞噬財力的黑洞。總體而言，軍費開支在帝國期間越來越龐大，這大大擠壓了社會和經濟支出的空間，國家也沒有能力完成最具有公共性的社會與經濟職能。越到帝國後期越顯示出，民眾用巨大代價供養的軍隊，對外不能承擔擴張與防禦的任務，對內也無法有效地維護秩序。

本章內容至少有以下幾點值得重視：

一、在宋朝的軍費制度下，不管是不是忠心，岳飛都不得不服從皇帝召回軍隊的命令。宋朝當時的國土面積幾乎只剩一半，還要拿出龐大的軍費，於是給老百姓增加了巨大的稅收負擔。

二、中華帝國在歷史上，募兵制和兵農合一制之所以來回交替出現，其實是在成本和效果之間做兩難抉擇。

三、募兵制的本質是雇傭兵制，士兵沒有忠誠可言，帝國軍費開支負擔也因此越來越重，士兵作戰的效果卻越來越差。唯一可靠的軍事財政制度，是民眾自願參與並納稅供養的國民軍制度。

17 回買公田：實物資產能救帝國的命嗎？

關於兩宋，歷史上流行一個說法，叫「北宋缺將，南宋缺相」。南宋權臣賈似道似乎印證了後一個說法，即他不是一位好的宰執大臣，而是一位該被釘在歷史恥辱柱上的人物，甚至很多人說他要為南宋的滅亡負責。因為賈似道做過南宋的太師，還被任命為平章軍國重事，這是比當朝宰相地位還高的職位，可以說是大權在握。

賈似道的罪狀非常多，比如利用權力排除異己，縱情享樂不管國家安危等。這一章我要說的是其中一項，叫「回買公田」。為什麼叫「回買公田」呢？它的意思是說，國家以前擁有的公田流失了，現在要把它們買回來。回買公田如果按照市場原則進行，那就不會成為史上著名的擾民事件了。之所以如此有名，且成為賈似道的罪狀，就是因為它事實上是強買。所以，回買公田實際上是強買民田。這樣一種侵犯私權尤其是侵犯官僚地主利益的事情，被後世一再地譴責。

這個回買公田有什麼特殊的呢？如果說它只是一個奸臣的胡作非為，那就不值得在這裡提。之所以要說，是因為它背後有一個重要的財政問題，那就是，回買公田是用實物資產及其收益來保障國家運行的一種嘗試。這樣的做法雖然有一定的效果，但終究救不了帝國的命。

賈似道為什麼要回買公田？

南宋末年，在蒙古軍隊大規模入侵的壓力下，國家財政極度緊張。為了挽救財政危機，在皇帝的支持下，賈似道從南宋景定四年（1263）起，對江南地區的官戶、民戶的逾限田（即每戶人家超過兩百畝以上的田地），抽取三分之一買為公田。在當時，回買公田被認為有五個好處：生產的糧食可以供應軍需，不再用紙幣強行採購百姓的糧食，可以減少紙幣的發行量以提升其價值，可以平抑物價，可以抑制富民的勢力。為了推行回買公田，賈似道帶頭把自己在浙西的萬畝田產交了出來。這個政策在設計時，購買的只是官民的逾限田，但在實施過程中卻走了樣，變為不分對象地強制購買，甚至連只有一百畝田地的民戶也不能倖免。購買的價格也大大低於市場價，支付的手段很少用金銀等金屬貨幣而多用紙幣，甚至用僧道的度牒和榮譽官員頭銜來支付。僅僅半年時間，官府就買進了三百五十萬畝田地。

傳統史書將這一事件解讀為賈似道個人的胡作非為或者昏庸誤國，卻忽視了該事件背後的財政原因，也不管它在當時條件下確實對財政提供了幫助，尤其是確實保障了前線軍隊的糧食供應。在此事件中，受損最大的官僚地主掀起一輪又一輪的反對浪潮。於是賈似道惶恐地建議還田於民，可理宗皇帝回應說：每年的軍餉都靠這些公田，沒了公田，財政怎麼辦，軍餉怎麼辦？

為什麼要用土地來提升紙幣價值？

在回買公田事件中，始終繞不開的話題就是紙幣。紙幣在那時被稱為楮幣，因為它是用楮樹皮所造的紙印刷的。紙幣是回買公田的重要原因，因為朝廷打算用田地及其糧食出產來減輕國家對紙幣發行的依賴，提升市場對紙幣的信心，這在當時叫作「重楮」。可在回買過程中，紙幣又成為主要的支付手段。今天我們知道，如果準備金充足，且與經濟發展、金融深化程度保持一致，那麼國家發行紙幣是可以帶來一定財政收入的，這叫作「鑄幣稅」；這樣的紙幣發行也不會傷害民眾的利益，甚至能促進經濟的發展。當然，這一切有一個前提，那就是民眾要對發行紙幣的國家有信心。

宋代由於商品經濟繁榮，民間早就產生了自己的紙幣，用以補充市場流通中金屬貨幣的不足，比如北宋期間民間誕生以鐵錢為本位的交子，後來交子被政府接管並一度濫發。南宋紹興三十年（1160），朝廷接管了臨安商人以銅錢為本位發行的紙幣「會子」，即由朝廷發行「會子」為民間商業提供流通手段，同時獲取財政收入。為了增強民眾對會子的信心，一開始南宋朝廷發行這種紙幣是分「界」的，每界大致為兩年或三年，到期再用金屬貨幣、鹽茶實物或許可證（「引」）來兌換，還有一部分用新紙幣來更換。這種到期可兌換的紙幣制度，確實增強了民間對會子的信心。

在蒙古鐵騎步步進逼之時，正統的農業兩稅、特殊商品的禁榷以及各項附加稅，都已無法增長，南宋朝廷只有將發行紙幣作為唯一的增收手段。可紙幣發行過多過濫，民眾信心又不足，紙幣不斷地貶值，嚴重影響了民眾的日常生活和經濟活動，也不利於發行新紙幣。賈似道在執政期間也曾整頓紙幣，但由於手中並沒有充足的金屬貨幣或實物資產來兌換舊幣，整頓沒有效果，紙幣更被人輕賤。於是，回買公田就成了賈似道幾乎唯一可以使用的手段。但結果正像我在前面說的，在回買的過程中，紙幣又成了主要的支付手段，發行量不減反增，不但沒有解決紙幣的信用問題，反而加劇了通貨膨脹。

由於採用了強制的手段，回買公田並未增強民眾對國家的信心。不過，在購買之後，如果官僚機構能夠成功地經營公田，那至少可以用出產的糧食供應軍隊，並用土地和糧食這樣的實物來維持紙幣一定的信用。為此，南宋朝廷也想了很多辦法來經營公田。對於這些公田，朝廷先按鄉設官莊，直接派官去經營，此時的農民相當於國家的雇工。由於官僚機構的惰性及其經營能力的低下，這一做法並不成功。後來朝廷罷除官莊，改用包佃法，由國家設立催租官，讓老百姓自行承佃並按時交租，此時的農民相當於國家的佃農。由於對佃戶壓迫深，民眾不願意佃租公田，大量良田因此拋荒。於是南宋朝廷又讓提刑司兼領催租事宜，把租佃、催租這樣的經濟行為和刑罰的措施結合起來，佃種公田的老百姓就更加沒有積極性了。

可見，南宋末公田的經營不成功，獲取的糧食收益並不多，更不能用來提升民眾對國家的信心，反而讓他們離國家更遠。用回購公田來挽救紙幣和財政的危機，在當時未獲成功。

國家的財政立足點到底在哪裡？

帝制時期，君權的合法性源於君主對土地的產權，即「打江山者坐江山」。因此，以土地為代表的實物性資產是君主行使統治權的心理基礎。在南宋末年政權危機之際，在紙幣因國家信用低而接近破產之時，賈似道及其君主下意識地去抓土地這一救命稻草，用實物資產來增強國家的財政基礎，這一做法到最後並不成功。當然，南宋在當時面臨的其實是它自身幾乎無法抵禦外敵入侵的軍事力量，由此造成的財政危機也近乎沒有成功解決的可能。所以，今天的我們不必像傳統史書那樣，一味地譴責賈似道是個奸臣，而應該看到回買公田這件事，雖然有盤剝民眾的問題，但畢竟為解決危機提出了相對積極的對策。

其實不僅僅賈似道有這樣的想法，哪怕是到了一九一七年，財政學家高雪德（Rudolf Goldscheid）在面對奧地利因第一次世界大戰造成的財政危機時，開出的藥方仍是「把財產還給國家」。他的意思是，現代國家因為被剝奪了財產，所以在財政上不得不依靠來自有產階級的稅收，這樣一種沒有財產的國家很容易被有產階級操控。與此同時，因為沒有財產，國家受到了普遍的敵視：有錢的人敵視國家，因為國家要從他身上徵稅；貧窮的人也敵視國家，因為在自己貧弱無助時國家無法給予幫助。所以，高雪德認為，國家必須獲得實物資產，依靠自己的收入才能克服當時的危機。

不過，二十世紀的歷史發展證明，高雪德沒能給出正確的答案。國家確實屢遭財政危機，但是讓國家擁有實物資產是否為解決之道呢？這個問題可以從兩方面去考慮：一方面國家未必能有效地經營資產，由此可能無法產生足夠的收益去挽救財政危機，就像賈似道回買公田之後的歷史教訓那樣；另一方面，實際經營控制國有財產的那些權貴，可能由此獲取暴利和特權，國家不但不會獲得多少收入，反而會因為公共性被破壞而使老百姓更加敵視，就像鹽鐵會議上文學賢良指出來的那樣。因此，作為財政手段，實物資產恐怕不但救不了帝國的命，也救不了現代國家的命。

那麼現代國家的財政立足點在哪裡呢？現代國家依靠由組織承載的公共權力（即主權）作為自己的支撐點，支撐現代國家的是主權的合法性而不是實物資產。這種合法性，來自組成共同體的民眾的同意與授權；這種同意與授權不是虛擬的，或者是久遠以前授予過一次的，而應該由常設組織與定期選舉來表達。因此，在現代，民眾對國家的信心源於主權制度的建設，即構建起反映民意、或者說由民眾行使權力的政治機構。這樣的國家，在財政上不像城邦那樣依託於人口實行稅人，也不像帝國那樣依託於土地實行稅地，似乎在收入的支撐點上最空虛，沒有土地和人口那樣的實物基礎，但事實上卻最為堅實。只要基於民眾同意的、有組織支撐的主權存在，就可以向擁有財產與收入的人群徵稅，國家財政也就不會破產。這也是現代國家在危急時刻用來救急的手段——公債，能夠大規模發展的真正原因，因為民眾對自己的國家有信心。

小結

南宋末年為了挽救深重的財政危機，權臣賈似道採用了回買公田的制度，以便供應軍隊糧食並增強民眾對國家發行紙幣的信心。但由於國家對官田經營不善，沒法產生足夠的收益去挽救財政危機。強買民田的行為，進一步摧毀了民眾對國家的信心，因此回買公田並不能挽救國家的命運。實物性資產不是帝國的財政立足點，它也不是現代國家的財政立足點。說到底，只有基於民眾同意的現代國家才可能真正獲得可靠的財政基礎。

本章以下內容值得重點關注：

一、南宋權臣賈似道回買公田，雖然侵害老百姓利益，但也有客觀存在的苦衷。因為國家需要抵禦外部入侵，希望靠公田生產的糧食供給軍隊，而不必用紙幣強行採購老百姓的糧食。

二、要想讓紙幣發行不傷害民眾的利益，還能促進經濟發展，最重要的前提是要民眾對國家有信心，相信國家發行的紙幣能夠買到相當於票面價值的商品。南宋後期，紙幣發行過多，嚴重影響了老百姓的日常生活和經濟活動。

三、南宋末年的經驗證明，帝國不能有效地經營實物性資產，也就沒有辦法產生足夠的收益去挽救財政危機。最終，實物資產救不了帝國的命。

18 掠奪性稅商：帝國財政能和百姓利益共容嗎？

稅商是帝國圍繞商業活動獲取財政收入的一種方式，它取得的收入不僅包括對工商業活動及收益所徵的稅收（類似於今天的商品稅、所得稅等），還包括國家藉由官營商業（包括貨幣發行）、發售許可證等行為獲得的收入。相對於以繳納糧食為主的稅地，稅商披著自願交易的外衣，更容易讓納稅人接受。可是，如果國家稅商超過了必要的限度，可能會讓納稅人因無利可圖而停止商業活動，甚或因耗盡民眾財源而導致王朝滅亡，總歸是納稅人與國家雙輸。為了避免雙輸局面的出現，國家可能會有兩種做法：一是在稅商時自己設限，比如歷代統治者都說要避免竭澤而漁就是如此，「稅商」一章說到的宋高宗也有這樣的認識；另一種是透過與納稅人談判來確定限度，以取得雙贏，這是西歐現代化過程中見到的現象。

在中國歷史上，商業繁榮除了前面說過的宋帝國外，還有元帝國。在當時，元帝國和世界上不少國家都頻繁往來，商品經濟和海外貿易都很繁榮。來到元朝的各國使節、傳教士、商人，可以說是絡繹不絕，元大都也成了聞名世界的商業中心。像宋帝國一樣，元帝國也高度依賴於稅商。不過，元代的稅商，掠奪性特別強，幾乎未見到元代統治者有像其他王朝那樣的自我設限行為，更未像西方那樣形成談判機制。

元王朝不到百年就覆滅了。對於滅亡原因，有人說是因為自然災害造成經濟崩潰，也有人認為是統治階層內鬥，各種說法都有。本章我將從財政角度來找原因。元朝覆滅的財政原因，在於其建立的是一個掠奪性稅商的財政制度，最終帶來了統治者與民眾的雙輸。

◆ 元代財政，為掠奪而生

在「商鞅變法」一章我說過，帝國雖然以君權為核心、以土地為支撐點而建立，但它畢竟承認君主應該「為天下人位天下」、「為天下治天下」的制度理想。用歷史學家錢穆先生的話說，那就是政權的生命依賴於某種正義理論的支撐：「正義授予政權以光明，而後此政權可以綿延不倒。」可是在相當程度上，元代財政在一開始就是為掠奪而建立的，其制度並無高明正義的理想。

成吉思汗建立蒙古政權後，在財政上要麼依靠掠奪，要麼依靠奴隸放牧，而奴隸也來自掠奪。成吉思汗的名言是，天下土地寬廣，全靠自己去占，掠奪別人的一切才是男人最大的快樂。即使到了政權相對穩定的窩闊台時期，他也曾認為中原地區的漢人得來無用，考慮殺光，以便讓草木生長，把地用來放牧。不過大臣耶律楚材勸他保留漢人從事生產，然後向他們徵稅，這樣一年至少可以得銀五十萬兩、絹八萬匹、粟四十萬石，遠遠勝過掠奪或者放牧。於是，蒙古政權在中原地區開始建立徵稅制度。一年之後，窩闊台高興地對耶律楚材說，要不是你的建議，我怎麼能得到這麼多錢？

由於立國就出於掠奪，元初統治者就用一套極為簡陋、粗疏的方式來安排財政活動，行事時又往往隨意突破，因此被後人譏諷為「最無制度」。財政官員的任命也以利為先，開國初幾位財政大臣，大多是來自中亞的商人，並無治國的經驗。各行省財政官員，常常任用那些號稱能帶來更多收入的人。在元世祖忽必烈時期，姚文龍聲稱可以從江南地區獲得兩千五百萬兩銀子的財賦，於是被任命為江西宣慰使。可見，就像錢穆先生說的，元代「與中國歷來傳統政治判然絕異」。

元代掠奪性稅商之惡

在收入形式上，元代財政制度既稅地也稅商。不過，即便稅地，也大量採用了方便的貨幣形式，從而與商業活動緊密相連。元代從北方收取糧食、絲料和錢鈔，從南方徵收兩稅（以秋糧為主）。即使加上各種附加，稅地的收入規模也遠遠不如稅商，甚至比鹽利所得還要少。

就稅商來說，對象有兩部分。一部分是藉由類似宋代禁榷的形式，從鹽、茶、酒醋等特殊商品中獲取財政收入。特別是鹽利這一實質性的人頭稅，有時能占當年正式歲入的一半以上。另一部分就是商稅，包括常課和額外課。由於元代版圖廣闊、人員與物資流動頻繁，商稅收入成為政府重要的收入。

在元代，稅商時稅額變化不定，沒有統一標準，官吏暴斂強徵，都屬於財政制度方面的惡，但其中最大的惡還要數稅商中的包稅制和濫發紙幣兩項。

包稅在元代稱為「撲買」，由商人向政府一次繳納或定期繳納固定金額，以獲取徵稅權。在中國歷代王朝之中，只有在制度簡陋與徵管薄弱的元代才大規模、長時間地實行包稅制。在元太宗十一年（1239），天下商稅的原定額為白銀一百一十萬兩，商人奧都剌合蠻以兩百二十萬兩買下商稅徵稅權。自此之後，包稅制氾濫。在包稅過程中，公權與私權混淆，商人與權貴勾結，包稅商肆意擴大徵稅範圍或提高稅額，恣意刁難和勒索百姓，以擴大自己的收入。在當時，耶律楚材就曾說包稅制為害甚大，斷言「民之窮困，將自此矣」。

在元之前，各王朝財政運行的方式大多是以實物為主、銅錢為輔。元代由於商業比較繁榮，在金屬貨幣不足的前提下，民間對紙幣的需求量比較大。於是元朝廷以白銀為本位發行紙幣「銀鈔」，將財政運行與商業活動合為一體。由於紙幣可以很方便地成為掠奪民眾財富的工具，因此發行紙幣成為稅商的特殊形式。在元至元十二年（1275），財政大臣阿合馬首次運用增發紙幣的方式來彌補財政赤字，自此開啟了以紙幣獲取收入的大門。至元二十三年，元朝廷發行了面值為十五億兩白銀的紙鈔，使得鈔值大貶，物價騰貴達十倍。此後，元朝諸帝不斷加大紙鈔發行量。到元末，財政山窮水盡，紙鈔成為幾乎唯一的救命手段。在民間，紙幣形同廢紙。元朝滅亡，和紙幣制度破產關係密切。

◆ 如何才能產生有共容利益的稅收制度？

在財政學上有一個「坐寇——流寇定理」，由美國經濟學家奧爾森（Mancur Olson）提出，跟上面窩闊台和耶律楚材的討論內容很相似。奧爾森發現，在中國二十世紀初期軍閥混戰的年代，靠徵稅的「坐寇」比靠劫掠的「流寇」能獲得更多的收入。根據這一現象，奧爾森提出了一個國家誕生的模型，那就是：原來統治者靠隨機的、不受約束的劫掠獲得收入，後來發現以保護秩序、提供公共產品來換取人民繳稅更符合自己的利益，於是國家產生。此處的關鍵是，必須建立起約束統治者徵稅權的機制，這樣人民對財產和收益有穩定的預期，才會有生產的積極性；據此徵稅的統治者，才會與民眾建立起雙贏機制，形成共容利益。著名思想家熊彼得也說過一個相似的命題，說的是類似徵收商品稅這樣的行為，可能會帶來統治者與納稅人的談判，而不斷的談判就能形成以代議制度為核心的現代國家。

問題是，流寇變成坐寇一定會帶來雙贏的稅收制度嗎？徵稅一定會帶來談判機制嗎？就歐洲的經驗來說，實現這一過程實際上有兩個條件：一個是統治者與被統治者之間實力相差並不懸殊，就像在英國，幾位男爵聯合起來就可以打敗國王；另一個是統治者與被統治者之間事先就有某種協商機制，以便借此可以發展為談判制度，比如西歐普遍存在的貴族會議。

從北宋、南宋直到元代，我們可以看到隨著農業經濟的成熟，帝國的商業活動隨之發展。國家有可能借助於稅商獲得比稅地更多的財政收入，或者用商業手段以更低的成本來運行財政。可是，元代財政始於掠奪，終於民眾與國家的雙輸，奧爾森與熊彼得的設想並未實現。這是因為，在元代廣闊的國土和懸殊的軍事力量面前，民眾沒有逃稅避稅的能力，更沒有談判的實力與機制，所以約束統治者「掠奪之手」的制度無從產生。

說到底，在稅商方面約束「掠奪之手」要的是制度，而不是統治者的自覺。這一點，不但「最無制度」的元代不具備，制度成熟的帝國其他王朝也難以具備。只有在現代國家，約束「掠奪之手」的制度才具備，這就是民主的立法與獨立的司法等制度與機構。

在明王朝建立後，朱元璋鑑於宋、元的教訓，知道帝國財政建立在稅商基礎上可能會過分掠奪民眾，於是他排斥稅商，重建稅地作為自己的主要收入來源，甚至將藉由稅地獲得的兩稅肯定為主體收入形式，由此誕生了黃仁宇先生所命名的內向、保守的「洪武型財政」。

小結

元代財政是為了掠奪民眾的財富而產生的，因此大量使用了最為便利的稅商形式，並特別運用了包稅制和濫發紙幣這兩種惡劣的掠奪手段，以至於到最後帶來官民雙輸的結果。元代財政的歷史經驗說明，在統治者與被統治者之間實力相差懸殊、缺乏潛在協商機制的前提下，奧爾森所說的流寇變成坐寇並未帶來具有共容利益的雙贏機制，稅商也未帶來熊彼得預言的代議機制的出現。明王朝吸取了元代的教訓，轉而重建稅地的財政制度。

本章內容有以下幾點值得關注：

一、從財政的角度看元朝滅亡的原因，是因為元朝的建立缺乏制度理想，採用掠奪性稅商來獲取財政收入。

二、元朝以稅商為財政手段來實現掠奪，實際上就是沒有節制地盤剝老百姓。例如稅額沒有統一標準，各級官吏橫徵暴斂等，尤其是包稅制和濫發紙幣這兩項，更是惡劣的掠奪手段。

三、國家要避免稅商超過限度，一種方式是自我設限，靠統治者自覺，另一種是程式設限，藉由和納稅人談判來確定界限。

四、中華帝國因為民眾和國家實力懸殊太大，很難形成協商機制，想要產生約束統治者「掠奪之手」的制度，困難重重。

第肆部分　帝國成熟

回歸稅地不動搖，
做一個穩當當的大帝國。

19 空印案：帝國實現有效治理到底難在哪裡？

明朝開國皇帝朱元璋的故事有不少，明朝之所以能延續兩百七十六年，跟這位明太祖在開國初建立的制度有很大的關係。後世的皇帝對他評價很高，比如清朝順治皇帝就說：「歷代賢君，莫如洪武。」當然，對朱元璋也不全是在誇。歷史上對他常見的批評就是猜忌和殘殺，最典型的就是著名的「洪武四大案」。朱元璋以各種由頭，連坐誅殺大批官員，加強自己的皇權。打擊面有多廣呢？比如藍玉案，是朱元璋覺得有一位叫藍玉的大將要謀反，於是大開殺戒，最終被誅殺的人超過十五萬人。

在「洪武四大案」中，有一個案子和財政有關係，叫空印案。空印，是說在空白文書上事先蓋好印章。過去對這個案子的解讀與評價，一般集中在兩點：第一點，這是一起冤案；第二點，朱元璋的個性實在殘暴。在這一章，我想從財政的角度為你解讀，目的自然不是向你解說朱元璋的殘暴個性，而是借此案來講講中國財政管理中的帳冊制度，以及在帳冊制度中反映出來的帝國有效治理的難題。

◆什麼是空印案？

在明初，每年年底，各省都要派專人攜帶省布政司提交的申報表冊，向皇帝彙報本省在這一年的財政狀況，具體由戶部負責檢查，這在當時叫作「考校錢糧」。但在這一制度運行過程中，有兩個現實的困難：一是，如果有些收支專案戶部不准許，那該省就必須修改然後重新提交申報表，可是不少省離首都非常遠，在當時的交通條件下，重交新表需要的交通與時間成本過大；二是，攜帶申報表的專員往往承擔了給中央上解稅糧的任務，而稅糧解運在路途上是有損耗的，地方官員不能預知實際解運到中央倉庫的稅糧數字。於是，就有一個變通的辦法，那就是到戶部彙報的官員攜帶一些蓋好布政司大印的空白申報表，到時把中央倉庫實際收到的上解數字填入，或者在有需要時將戶部核准的新數位填入表格中，以完成地方對中央的彙報過程。

可是朱元璋對此極不滿意。他認為，空印意味著地方官員在弄虛作假，犯了欺君大罪，同時也給貪污腐敗大開方便之門。為此，在洪武九年（1376），朝廷按照空印文書上的署名，大肆逮捕相關官員，處死了其中數以百計的人，遭連坐的有好幾萬人。有一位叫鄭士元的御史，因為空印案被抓了起來，他的弟弟鄭士利替他辯解，向朱元璋上書說，攜帶到戶部的空印申報表事實上並不能用作他途，沒有可能從中貪污；而且更重要的是，朝廷原來並沒有正式法令禁止使用空印，現在用臨時的規則懲辦過往的行為是不公正的（用今天的話說就是違反了「法不溯及既往」的原則）。但鄭士利本人，也被嚴懲。

今天的我們很難相信，在財政帳冊制度中行之已久的空印做法，朱元璋會不清楚；這件事情恐怕也不能完全歸咎為朱元璋心狠手辣，不考慮實際困難。因此，他發起空印案，應該有更深的意義，接下來我們再說。

◆ 利用財政帳冊治理國家

帝國要治理廣土眾民，自然離不開各種文書圖籍、檔案簿記等文本。在財政上，很早開始就利用各種帳冊制度，讓國家掌握財政收支與倉儲情況。更重要的是，中央政府透過鉤稽帳冊之間的資料、查證帳冊與實物之間的對比，來監控地方政府、管理社會。在明代，國家治理社會的人口土地圖冊，以及中央政府監控地方政府的會計帳冊，是最為重要的財政工具。

明代初期，政府在調查人口和土地狀況的基礎上，重建了人口和土地圖冊。洪武三年（1370），經由普遍調查登記人口，明政府建立了記錄人員和財產的戶帖制度。在戶帖制基礎上，洪武十四年，以戶為單位建立了更為嚴密的人口帳冊制度。這一帳冊登載各戶的姓名、年齡、丁口、田宅、財產，以里（一百一十戶人家編為一里）為單位匯總裝訂；因為送戶部的帳冊以黃紙裝面，所以稱「黃冊」。制度上規定，黃冊每十年一造，經核定後，一式四份分別送戶部、布政司、府、縣，以作為徵派錢糧、簽發徭役的依據。登記土地的主要為魚鱗圖冊，它起源於宋代的土地清丈與地籍登記活動。洪武二十年，土地登記又進行制冊。冊上載明田主姓名、田地面積與品質狀況，並繪製成圖，田圖狀似魚鱗，所以稱為「魚鱗圖冊」。制度上還要求，地方政府必須及時把土地產權變更情況記錄在內。

在明代，戶部代表中央要求各級地方政府每年編制各類財政帳冊，並層層上報。前面提過，在年底前，反映各省情況的報表統一由省布政司進呈皇帝，由戶部來進行實際的審查。明代財政上的各種會計與統計報表，均以「四柱」為基本格式，反映財政資源的「舊管」（上期結餘）、「新收」（本期收入）、「開除」（本期支出）、「實在」（本期結餘）四個基本資料。戶部、省布政司、州縣衙門直至民眾各自掌握的帳簿，其間的鉤稽關係都要經得起檢查，包括上級的常規性檢查以及御史的臨時性檢查。在上交的這些報表裡，下級官員必須為其中的資料，作出解釋和說明。戶部在收到省級上交的報表後，會將地方官員的上報資料與京中原有的相關資料進行比對，以確保所有的收入與支出都對得上，並且所有的支出都事先經過同意或至少有辯解的理由，然後戶部對這些報表進行或者批准或者駁回的處理。空印案的發生，就以此為背景。

◆ 空印案中帝國治理的難題

從制度上看，空印案顯然是惡劣的。這是因為，反映地方政府收支狀況的財政帳冊，居然可以臨時填寫，而且在填寫之前就已用印，這意味著具體經辦人員無論怎樣填寫都已經被主管官員認可。如此一來，利用財政帳冊來監控下級政府及具體經辦官員的目的，顯然達不到。可是在實踐操作中，如果不使用空印，帳冊制度運行就可能成本過高或者根本不可行，就像此案中存在的重造帳冊的可能以及上解錢糧的損耗等問題。

所以，空印案不能僅僅解讀為朱元璋個人的品性問題，而應該從中看到帝國治理的難題。就是說，為了維護國家統一和有效治理，中央政府必須確立制度的原則性，透過剛性的監控制度，來管理下級政府及民眾；但是，管理帝國廣土眾民，又必須給各級政府和具體經辦官員一定的變通空間，以獲得操作的靈活性。為了解決原則性與靈活性產生矛盾時的兩難問題，在現實中發展出兩種方法：第一種是以非正式制度的靈活性來補充正式制度的原則性，第二種是以君主的靈活性來補充正式制度的原則性。

在帝國財政運行中，第一種方法體現為正式財政制度與非正式財政體系兩者展開分工與合作。明代正式的財政制度，其精巧與嚴密程度已經很高，體現在上面說的各種財政帳冊上。可是，非正式財政體系的運行靈活性又極大，比如空印案中那些蓋印的空白申報表。此外，在明代，地方官員還常常藉由非正式收入的收取，如火耗、捐獻等（後面章節會專門說到），來應對現實中的非正式支出要求，比如雇傭非正式政府職員從事公務或舉辦地方公共事業等。在相當程度上，這些非正式制度已成為上下默認的「陋規」，在保持帝國制度原則性的前提下，讓地方得以因地制宜運行政務、發展公共事業。但是，大量的靈活非正式制度，往往又破壞了正式制度的原則性。而且，由於非正式制度始終介於非法和合法之間，這就為官民行為留下許多不可預期的空間，也因此成為君主出面整肅官場、確保正式制度的理由。

在帝國財政運行中，第二種方法體現為君主一方面依賴正式的制度，另一方面又無視正式制度，靠製造例外來取得某種靈活性。這是因為，君主必須依賴正式制度，比如財政帳冊，來規範國家的正常運轉、約束每一個官僚。但是，君主若完全依賴正式制度，他自己也就成為官僚系統中的一員，無從體現君主的超然和自主地位，以及保證君主的個人利益；更重要的是，君主可能難以應對複雜的、不斷變化的現實，特別是難以控制官僚的諸多靈活性行為。於是，君主就需要運用非正式手段或製造例外去控制官僚。

非正式手段之一就是運用政治罪來突破正式制度以整肅官僚階層，就像朱元璋在空印案中運用的欺君罪。不過，如果君主制造太多的例外，又會削弱正式制度的力量。特別是對一些昏君來說，可能會頻繁地突破必要使用例外。在帝國時代，君主制造例外的權力事實上是無從制約的。正像鄭士利指出的那樣，空印案涉及到破壞「法不溯及既往」的原則。因此，在以君權形式表現公共權力的帝國制度中，雖有必要將君主的靈活性與正式制度的原則性相結合，但由於這種靈活性凌駕於正式制度之上，君主很可能會將自己的個人利益凌駕於國家的公共利益之上，最終傷害公共利益甚至君主的家族利益。由此，帝國制度暴露出了自身深刻的矛盾性。

小結

明初空印案，反映了帝國正式財政制度的原則性與經辦官員操作靈活性的配合難題。正式制度的原則性，在明代財政領域有一個表現，就是完善的人口土地圖冊和各種會計報表制度，國家藉此可管理社會、監控地方。

但在龐大帝國想要有效治理，又不得不需要一定的靈活性，為此發展出大量的非正式制度和靈活的操作行為，配合正式制度運行，並以君主超脫於正式制度之外製造例外來加以配合。但這樣也可能會導致非正式制度與行為破壞正式制度，讓君主因個人利益而破壞公共利益。

本章以下內容值得重點關注：

一、朱元璋認為空白表格提前蓋好印章，意味著地方官員可以任意弄虛作假，也給貪污腐敗打開了方便大門，於是大肆逮捕官員，處死了數以百計的人。

二、為了維護國家統一，實施有效的治理，中央政府必須確立制度的原則性，但又必須給各級政府和具體經辦官員一定的變通空間，讓操作具有靈活性。

三、在帝國時代，君主制造例外的權力雖有必要，但因為沒有制約，所以他很可能會把自己的個人利益凌駕於國家的公共利益之上，最終傷害公共利益甚至皇室的家族利益。

20 官俸制度：帝國薪酬體系制定為什麼難？

海瑞是明代中期有名的清官，除了正式的微薄薪俸外，他不接受任何額外的收入。可是做清官是很辛苦的，哪怕是像海瑞那樣最高做到正三品的官員。他買兩斤肉為母親做壽都能成為官場的談資，去世時留下的財產甚至不夠自己的喪葬費。很顯然，那個時代的大多數官員不可能像海瑞一樣自我犧牲。事實上，在官俸之外，他們還有大量的其他收入。正因如此，明代至清代官員的低薪俸問題以及與此相連的貪腐問題，一直是中國歷史上的熱門話題。在今天看來，明清兩代表現出來的貪腐，在很大程度上並非道德問題，而是官俸制度出了問題；而官俸制度的問題，也不是因為制度設計者犯了錯，而是因為帝國制度發展至此，已開始暴露出自身無法克服的缺陷。

明代的低官俸

我先從一個歷史故事講起。在明末崇禎皇帝剛即位的時候，他發出號召要求「文官不愛錢」。但有一位叫韓一良的低級官員，對此不以為然。他上書給皇帝說，官員上下交往到處要用銀子，那點薪水怎麼夠啊？我交往少，兩個月還收到五百兩銀子呢，當然這錢我沒拿，可別人不得不拿啊。

海瑞的辛苦和韓一良的上書，都揭示了明代的一個突出現象，那就是官俸低微。以洪武二十五年（1392）的俸祿標準為例，正一品只有祿米一千零四十四石。而在漢代，最高級別的丞相，一年俸祿為糧食一萬石，幾乎是明代正一品收入的十倍。明初規定的俸祿標準，後來還成為不得更改的祖制，沿用數百年不變，直到清代仍基本如此。

如果考慮到明清兩代政府部門有不少公務開支是由官員私人承擔的，那這點官俸就更低了。比如說，科舉出身的官員不通實務，要處理公務就要聘請師爺來協助。可在明代中期以後，知縣聘請的師爺，年薪一般在一百兩白銀以上，而且至少要聘請刑名（司法）和錢穀（財政）兩名師爺，但知縣自己的年薪最多只有四十五到八十兩。

◆由低官俸引發的貪腐問題

如此少的薪水，要應付巨大的開支，在現實中就不得不另闢蹊徑，從財政上來說就必然要發展非正式財政體系。非正式財政體系，用來提高官員個人收入、給承擔公務的師爺等人提供薪金，甚至為地方政府提供辦公經費。

非正式財政收入最終肯定要藉由某種手段從百姓身上獲取，但卻不能簡單地將其視為貪腐。在這些手段中，首先是由州縣官員在徵收田賦時收取附加，一般用的名義叫「火耗」，就是說用來補償把收到的散碎銀兩熔鑄成整錠銀元寶時的技術損耗（一般為二％），但實際收取的火耗可能在十％以上，有些地方甚至收到八十％。除了火耗之外，州縣官員在辦理公務過程中，還透過書吏、衙役等與民眾直接打交道的人，想方設法從老百姓手中收取各種費用、撈取各種好處。這些額外費用或好處，以及民眾用各種理由送給州縣大小官吏的禮物，州縣官吏送給上級官吏的各種饋贈，通常被稱為「陋規」或常例。就是說，它並非隨意收取，習慣上有一定之規。在陋規收入之外，各級官員還有可能利用加派或種種其他途徑獲取收入，這些就應該被視為貪腐了。但在貪腐與陋規之間並沒有確切的界限，於是在正式薪俸之外，我們就似乎看到了普遍的貪腐現象。

可見，明清時代官員的貪腐現象，在很大程度上並不是道德問題，而跟官俸制度規定有關。

明代低官俸標準的由來

從財政上看，明代之所以制定如此低的官俸標準，至少有兩個原因。一個原因是明初物價水準比較低，朱元璋又出身貧苦，所定薪俸標準在他看來已足夠維持良好生活了。但隨著經濟生活水準提高以及物價上漲，他定下的薪俸水準越到後世顯得越低，可是作為祖制又不能更改。

另一個原因是，明代以兩稅為正賦和主體收入，可來自農業經濟的兩稅帶來的財政收入水準並不高，前面說過，基本定額是兩千七百萬石糧食。由於正式財政收入總額基本固定，於是官俸支出總額就不得不嚴格控制。可是，明代國家為了擴大統治基礎，大大增加了科舉名額，需要財政供養或補貼的官員、候補官員甚至官學學生的總人數遠超以往朝代，這樣單個官員的薪俸水準就不得不壓得很低。

制定官俸標準的兩難

這麼說來，是不是明初設計官俸制度時犯了錯呢？如果設計得好的話，是不是就能讓官員不貪腐呢？我要說的是，朱元璋在明初並不是任意建制的，除了上面說到的兩個原因外，他還受到以下兩個官俸制度設計原則的約束：一是要設法降低財政成本，二是要增強對官員的激勵。但問題是，這兩個原則是相互衝突的。朱元璋在設計官俸制度時，吸取了宋代財政的教訓，更傾向於前一個原則，即設法降低財政成本。

官俸高低自然是影響財政成本的重要因素，官俸標準高，財政成本自然就高，反之則低。不過，除了官俸標準高低之外，影響財政成本的還有官俸制度的運行成本。帝國時期，影響制度運行成本的主要是收付形式。在實物財政體制下，官俸制度運行的成本最高，因為有大量的糧食、紡織品、鹽、香料等實物的收付。在貨幣財政體制下，運行成本比較低，主要涉及金屬貨幣或紙幣的收付。不過，從表面看來，制度運行成本最低的，是授予封地或分給各級官員公廨田、職田，或者給予公廨錢。只要授出土地或撥出錢款，之後經營土地或放貸錢款並以此獲利，都是官僚自己的事情，不用計入財政成本中。但是，這樣做會大大減少國家手中的資源，分散國家的財力，運行效果極差，對財政而言在成本上並不合算。因此，周王朝初期以封地收入作為官員俸祿的辦法，在春秋戰國時代就已改變，大多數官員沒有封地，少數有封地的官員也只能獲得封地上的租稅。從秦漢至唐宋，國家都曾撥出職田、公廨田或公廨錢，但因公私不分和運行效率低下而產生大量問題，而且大大減少了國家（君主）手中的財政資源。因此，在南宋末年財政極度緊張的前提下，公廨田或公廨錢等一律收歸中央，不再存在。

在帝國時代，給官員適當激勵的目的，是要贏得他們的忠誠與工作效率，而這至少要考慮兩方面因素：一是薪俸水準是高是低，關鍵在於它能否讓官員獲得高於平民的生活水準與積累財富，以便提升其社會地位與職業自豪感；二是隨職務高低而調整薪俸等級，再藉由君主的特別賞賜，以便激勵官員的工作積極性與個人對君主的忠誠。在歷史上，官俸標準有一個從爵本位向官本位過渡的過程，帝國初期以爵位等級為標準，獲得以糧食或貨幣形式支付的薪俸。到曹魏末年以後，薪俸以官位或者說行政級別為標準。爵位仍然存在，但一般只是針對軍功的獎賞。此外，官員還可能獲得君主的恩賞。特別是在宋王朝，由於要與北遼、西夏等政權競爭士人的忠誠，君主除了將官俸標準定得比較高之外，還屢屢從自己控制的內庫中拿出錢物來賞賜官員，賞賜的錢財甚至常與正式官俸相當。就是說，在宋代君主看來，激勵的重要性超過了財政成本的約束性。不過，君主賞賜在制度上缺少理性的標準，而且激勵效果如何事實上很難估計。這個不僅是今天的看法，其實早在北宋時期，司馬光就屢次諫阻皇帝給官員大量賞賜。

到了明代，朱元璋基於帝國過往豐富的歷史經驗來設計官俸制度。最初，朱元璋也是給百官按品級授職田，以田租來抵充俸祿。鑑於歷史教訓，政府很快下令收回職田，改為發放俸祿。由於宋代高標準俸祿和豐厚賞賜嚴重影響了財政的運行，此時明朝又不用像大宋那樣與其他政權競爭士人，再加上受制於偏低的財政收入總額，所以朱元璋設計了我前面說到的官俸制度。於是，明代（以及承明制的清代）官員沒有職田或公廨田收入，也很少有宋王朝那樣的恩賞收入，只有與官職相關的水準不高的俸祿。

由朱元璋手中誕生的官俸制度，顯得更加理性，財政運行成本低，官職也更像是國家的公職，而較少君主私人恩寵或私相授受的色彩。不過，顯然，該制度對官員的激勵也不足，低官俸甚至不能維持海瑞這樣的清官的生活，官員貪腐也因此有了更充分的動機與理由。

◆難以克服的制度缺陷

明代官俸制度的問題，當時的人不是沒有認識到，也不是沒有君主去想辦法解決。比如說清代雍正皇帝發動「火耗歸公」改革，部分原因就是要糾正明代留下來的低官俸問題，特別是在制度上解決官員的貪腐問題。雍正帝宣布，原來地方官員自行使用的「火耗」名義，現在可以正式使用了。就是說，他同意各省在交給中央的正項錢糧基礎上，附加一個統一比例來增加由省支配的財政收入。因火耗而獲得的附加收入（「火耗銀」），一大部分用於補充官員的薪俸，這被稱為「養廉銀」。養廉銀的數額，遠超正俸，一般要高出一、二十倍，甚至上百倍。不過，在雍正帝之後，官員的貪腐現象不僅沒有消失，反而似乎愈演愈烈。

當然，官員貪腐問題有非常複雜的成因，在這裡無法一一細說。僅僅從財政史來看，除了低官俸原因外，明清時代官員貪腐問題之所以看起來異常嚴重，至少還有兩個原因。

第一個原因是，在明代以前，因為存在著公廨錢、公廨田或職田等提供的利息或地租收入，官府的公共收支與官員的個人收支混在一起，所以那時官員挪用甚至盜取公共收入在表面上看不出來，也不表現為貪腐行為。但在明清時期，公廨錢、公廨田、職田都已經消失，在制度上官員只有官俸收入，超出官俸的其他收入都可視為貪腐。因此可以說，未必是明清官員的道德水準比過去王朝的更低，而是在官俸制度日益理性化的背景下，過去隱藏在公廨錢、公廨田中的貪腐問題此時顯現了出來。

另一個原因是，到底多少官俸才能讓官吏過上體面的生活，讓他們既有工作效率又能保持廉潔，這在帝國條件下是沒有辦法確定的。事實上，官員合理的薪俸水準問題，只有在現代國家才有解決的可能。現代國家的辦法是，將官員區分為常任的事務官和依靠選舉獲任的政務官，事務官的薪俸水準由競爭性的勞動力市場決定，而政務官的薪俸水準由選民的壓力和政務官個人的政治雄心決定。

小結

清官在明清時期之所以辛苦，是因為正式官俸水準低。低官俸水準，使非正式財政體系在現實中有發展的必要，但是收取非正式經費與官員貪腐兩者之間並無明確的分界線。正因如此，明清官員顯得腐敗嚴重。可這個問題並非官俸制度在初使設計時出了差錯，而是帝國制度發展到明清時代，原先隱藏的制度缺陷充分暴露了。

本章以下內容值得重點關注：

一、朱元璋在明朝開國時，確定了很低的官俸標準，並且要求後世作為祖制不得更改。

二、帝國的官俸制度設計存在著兩個互相衝突、難以解決的原則：一個是設法降低運行成本，另一個是設法增強對官員的激勵。

三、清朝雍正帝發動了「火耗歸公」改革，想藉由養廉銀制度增加官員薪俸，糾正明代留下來的低官俸問題，即透過提高財政成本來增強激勵性，但官員貪腐現象仍然嚴重。

四、明清官員的道德水準未必比過去王朝的更低，而是在官俸制度日益理性化的背景下，過去王朝隱藏的貪腐問題，在取消公廨錢、公廨田、職田制度後顯現了出來。

五、官員合理的薪俸水準問題，事實上只有在現代國家才有解決的可能。辦法是將官員區分為事務官和政務官，常任的事務官的薪俸水準，由競爭性的勞動力市場決定，而依靠選舉獲任的政務官的薪俸水準，由選民的壓力和政務官個人的政治雄心決定。

21 貨幣財政：白銀帝國是如何形成的？

在武俠世界裡，大俠們身上似乎總有花不完的銀子。可你知道嗎？中國古代經濟直到明代中期以後才白銀化，那時大俠們才可能隨身攜帶白銀作為常規付帳手段，財政運行也在此後才找到比較可靠的貨幣形式。

在古代，貨幣不僅僅是今天的金融問題，更是具有高度政治性的財政問題。在明代中期，中國之所以能成為白銀帝國，主要原因在於有大量外來白銀流入。這足以說明，中國古代的經濟，可能並非有些人想像的那樣總在坐等西方世界來連接，而是早已捲入了全球化之中。

貨幣是一種重要的財政管理工具

在古代財政中，實物財政的地位非常重要。對財政來說，實物運行方式的好處是能適應戰爭的需要，男耕女織的家庭上繳的糧食和紡織品可以直接供應軍需。此外，對農戶來說，自己的出產不需要經由市場轉換而讓商人剝削，這麼做十分方便不說，還不會讓中間商賺差價。但是，實物財政在運行時，無論是運輸、倉儲還是調配，都遠不如貨幣方便。因此，除了個別歷史時期，中國古代的財政運行還是會在實物財政的基礎上盡力使用貨幣。

僅就財政來說，使用貨幣至少有三個方面的好處。

一是增加財政收入。國家發行貨幣形成的購買力減去貨幣製造成本後的差額，就形成財政收入。這樣的財政收入有兩個可能的來源：一個是國家壟斷貨幣發行權，由此獲得了壟斷利潤；另一個是政府強制規定的貨幣購買力若超出市場認可的購買力，其差額就相當於徵了一道稅收。

二是進行經濟和社會管理。用國家發行的貨幣代替市場自發產生的貨幣，可信度高，可以減少社會經濟的運行成本，促進其發展；同時，國家也可以利用糧食、商品、金屬貨幣輕重等相互間的關係，調節生產和流通。比如，糧食在帝國時期非常重要，那國家就可以藉由倉儲糧食和調節貨幣發行，來穩定糧食的價格。因為糧價穩定，其他貨物的價格也可以跟著穩定下來。在古代，這樣的管理智慧被稱為「輕重之術」。

三是實行國家儲備。在古代財政中，無論是為了完成時間上的再分配，即在一年內維持青黃不接季節與糧食收穫季節之間的平衡、在不同年份間維持豐收年份與歉收年份之間的平衡，還是為了完成空間上的再分配，就是在不同地理空間內調配物資和財富，都要進行必要的倉儲。在保證基本實物倉儲量的前提下，財政上進一步儲藏價值高、易轉移且不變質的貨幣，顯然比儲藏容易腐爛損壞、不好運輸的糧食、紡織品等，更有優勢。

明代以前貨幣的發展

貨幣材質的選用，對於古代財政發展來說極為重要。除了在早期可能使用過貝殼等材質外，多數時候採用的都是金屬貨幣，而金屬貨幣又選擇過銅、鐵、金、銀等材質，後來也見到使用紙幣。

以鐵等賤金屬鑄幣，在帝國時期也曾出現過，比如在宋代的四川地區，但使用時間和範圍都很有限。在元代以前，國家發行的貨幣大多以銅為材質。在財政上，由於銅礦發現不易、開採能力有限，銅幣的鑄造成本比較高，因此國家獲得的財政收入並不多。隨著商品經濟的發展，在商品流通量越來越大，銅幣因笨重低值而不適合繼續充當交易媒介。

在兩宋期間，民間創造出攜帶方便的紙幣，以便作為媒介低成本地推動商品交易活動。後來國家接管紙幣的發行，財政上也因製造成本低而獲得發行收入。在元代，紙幣一度成為商品交易的主要手段。在「回買公田」、「掠奪性稅商」兩章說過，在南宋末和元代，國家都靠濫發紙幣來增加收入。到明初，政府也曾大量發行紙幣寶鈔。由於帝國的執政者既缺乏準備金和紙幣發行量等金融知識，更缺乏有效的手段來約束自己濫發紙鈔的衝動，因此紙幣往往變成國家掠奪民眾財富的工具。

金、銀，因其自然特性，比如價值貴重且相對穩定，易於保存、攜帶、分割等，比較適合作為貨幣。但在中國的地理空間中，金銀的儲藏並不豐富，因而在古代早期，金銀並未成為主要貨幣。不過，按照史書記載，西漢時期盛行黃金，但到東漢時，黃金量急劇減少。東漢黃金的大量消失，在財政金融史上被學者稱為「一個謎」，迄今並無特別好的解釋。

在帝國早期，金銀作為支付手段用得極少，只在大宗貿易特別是在對外貿易中使用。

到了宋代，由於經濟發達而銅錢過於廉價，於是金銀、特別是白銀開始在一些場合流通使用。官方用它來收兌紙幣、支付祿餉，部分承認了它的貨幣職能。南宋時期，對外貿易發達且長期為出超狀態，因此由外部（日本、中亞、歐洲）流入了大量的金銀，補充了中國本土儲量的不足。這就是說，雖然在宋代使用銅錢才是統一的財政標準，但在民間其實早已開始使用金銀。

中亞地區曾經長期廣泛地使用銀幣，因此在征服中亞之後又征服中原和南方的蒙元政權，就在中原地區大量地使用白銀，並以此作為財政單位。於是，中原地區開始有了大規模使用白銀的習慣。不過，在「掠奪性稅商」一章說過，元代大量使用的貨幣是以白銀為本位的紙鈔。

◆ 白銀帝國在明代中期興起

白銀不是一上來就成了明朝的貨幣，也經歷了一番曲折。一開始，明朝是實物財政，基本單位是糧食石。同時，明王朝還發行寶鈔作為貨幣，並禁止民間用金銀買賣貨物，只能用金銀換寶鈔。可是後來，因為寶鈔濫發，到了十五世紀，民眾已經對它失去了信任，而銅錢發行量又遠遠不足。國家為了獲取財政收入，還主動鑄造了一些劣等銅錢。因此，從東南沿海這些經濟發達的省份開始，民眾慢慢地將白銀視為主要的貨幣，並在商業事務中習慣性地使用銀兩。到明英宗時，朝廷才開始不禁止民間使用金銀，白銀逐漸成為民間交易的通用貨幣。

後來，明朝廷發動財政改革，將原來實物性的賦役折成銀兩繳納，白銀就此成為朝廷的通用貨幣。之所以能夠發動這樣的財政改革，主要原因顯然是透過長期海外貿易而流入的白銀，到此時已經有了一定的蓄積。應該說，在這方面，西班牙人幫了大忙。西班牙殖民者從美洲殖民地掠奪來的白銀，經馬尼拉、澳門貿易中轉，大量流入了中國。此外，日本開採的白銀也經由貿易流入中國。這一時期，大致美洲白銀產量的一半、日本白銀產量的大部分都流入了中國。根據學者萬明的研究，僅一五七〇到一六四四年七十多年間，美洲白銀就大約有十三萬噸流入了中國。當然，賦役折銀改革又進一步地促進了美洲和日本白銀的流入。

換言之，依靠境外白銀的大量流入，明代中後期帝國終於建成了貨幣化財政。需要注意的是，此時作為小額單位的銅錢仍在民間大量使用，而且朝廷仍以糧食的石數作為財政基本單位。到了清代，才不再以糧食石數而以白銀作為財政的基本單位。

在貨幣發展的基礎上，資本與金融機構也有所發展。經營銀錢兌換與借貸業務的錢莊，自明代開始大規模產生，並於清代大為流行。不過，錢莊的月利率經常達到三%到九%，這說明資本仍然缺乏。這就是說，白銀貨幣化未能帶來資本的深化，也未能發展出有效的貨幣金融機構與資本市場。

白銀對帝國發展的影響

白銀貨幣化的完成，對帝國發展影響深遠。以現代的眼光看，貴金屬白銀成為流通領域中的主幣，除了自身具有相對於賤金屬而言的優勢外，還有正反兩方面的意義。從正面來說，相對於紙幣發行，貨幣量取決於金屬量，政府喪失了壟斷貨幣的絕對權力，可避免政府濫發貨幣。從反面來說，由於不能隨經濟增長程度而增加貨幣量，有可能會導致通貨緊縮，進而影響經濟和社會發展。

明清兩代的貨幣化財政得益於全球市場，中國經濟也早就捲入全球化之中，但因此也使貨幣數量嚴重受制於國外流入的白銀量。一旦外部流入的白銀大量減少，就會嚴重影響到國內的經濟與社會發展。十七世紀，美洲白銀開採量銳減，流入中國的白銀數量也因此大幅減少。此時，日本也決定限制從中國進口商品，由日本流入的白銀數量也跌落。流入白銀數量的減少，是明末經濟與政治危機的重要成因。

在清代道光年間，因鴉片大規模流入而導致中國白銀不斷外流，也引發了嚴重的危機。眾所周知，鴉片戰爭的爆發和中國近代史的開端正是以此為背景的。真正解決貨幣問題，有待於現代國家中相對獨立的中央銀行機構及紙幣發行制度的出現。

小結

依靠貨幣來運行財政有很多優點，但在金銀貴金屬缺乏的古代中國，始終未能產生運行良好的貨幣化財政。多數時候帝國以銅錢為基本貨幣，但因其價值低廉而不能適應經濟發展的需要；在宋元兩代，帝國曾發行紙幣來運行財政，但因濫發而失敗。到明代中後期，因為西班牙人掠奪自美洲的白銀流入以及日本出產的白銀流入，帝國實現了貨幣化財政。由此誕生的白銀帝國有積極意義，但也有受制於人的消極後果。

本章以下幾點值得重視：

一、白銀作為貨幣形式的確立，讓帝國的財政運行找到了可靠的形式，從實物財政真正轉向了貨幣財政。

二、發行貨幣對財政來說，具有以下積極意義：增加財政收入；方便經濟社會管理；有助於國家儲備。

三、白銀成為帝國的主要貨幣，經歷了漫長曲折的發展，直到明朝中期靠著從境外大量流入的白銀，帝國才終於形成了貨幣化財政。

四、白銀貨幣化也導致帝國的貨幣數量嚴重受制於國外流入的白銀數量，這對帝國的穩定和經濟社會的發展有很大影響。

22 張居正改革：做個有作為的權臣為什麼不容易？

帝國歷史上有個現象很有意思，那就是每個王朝到了中期都會出現財政危機。原因也總是那麼幾個，比如收入不能應收盡收，支出不斷膨脹，管理混亂、官僚懈怠等。每當這樣的財政危機出現，一般就會同時出現有責任擔當的大臣，針對以上問題發起財政改革、實行帝國自救。像我在前面說到的楊炎、王安石，都是如此。到了明朝中後期，財政危機又來了，於是再次發生了財政改革和帝國自救。

在萬曆初期，張居正發動了財政改革，並在財政史上留名。與以往朝代的財政改革相比，這場帝國自救行動既有相同的地方，也有不同的地方。不同的地方主要在於，過去的財政改革幾乎都是明君賢相基於制度的積極合作，但張居正改革在相當程度上卻純粹是當事人勇於任事、煞費苦心的個人動作，是在危機重重的條件下所做出的最大努力。因此，在這場改革中，張居正能夠取得一定的成果，是相當不容易的。

張居正的財政改革

一五七二到一五八二年，張居正擔任了年幼的萬曆皇帝的內閣首輔（內閣中位列第一的輔臣），有機會直面積累已久的財政危機。此時帝國面臨多方面的財政危機，比如在收入方面，國家能夠有效課稅的田畝數不到洪武年間的一半，而且還在減少中。張居正對此的說法是，危機的原因在於豪強的土地不納田賦，平民的稅負過重以至於逃亡，所以國家收到的田賦太少。這其實是帝國財政一直以來存在的痼疾。在支出方面，支出數額逐年增長，財政收入甚至不能彌補一半的財政支出，赤字額每年都在增長。在管理方面，各級官員都有行為懈怠的現象，尤其地方官吏對於地主拖欠田賦、土地帳冊脫離實際狀況姑息遷就。此外，在財政管理方面，張居正還遇到了各王朝幾乎都有的情況，那就是需要把民眾親身服役改為徵收貨幣稅。在十年的首輔生涯中，張居正對以上幾個方面都進行了改革。

在財政收入方面，張居正改革集中於清理田賦拖欠和組織清丈田畝。他先豁免了時間長的田賦積欠，然後強調今後的田賦數額必須繳足。凡是催徵不力、徵賦不足額的地方官員，不能升遷，甚至要受到懲罰。他在全國推動田畝清丈、查處漏田，實際清查出來的隱漏田地數量至少應在一百五十萬頃以上。因此張居正改革時期的正式財政收入，比改革前大大增加。

在支出方面，張居正要求各級政府嚴格奉行節儉，所有不緊急的支出全部從緩，各個部門的開支都要緊縮，所有帳目均需嚴格核查，各地方政府都要強制性地實現結餘。同時，他還精簡機構、裁減冗員、節省宮廷工程開支，並藉由與蒙古修好來削減軍費開支。改革後財政的收入增加與支出減少，使明帝國在十年內國庫存銀達到了一千兩百五十萬兩。當時的戶部尚書說，從開國以來，財政庫藏從沒有這麼豐裕過：

自國初至今，未有積貯如是充裕者。

在管理方面，張居正從兩方面入手進行改革。一方面，張居正推行「考成法」來糾正各級官吏的懈怠行為，他為各級官吏的應辦之事設定完成期限，由本級部門、都察院、內閣進行檢查與懲處，原來作為祕書機構存在的內閣因此獲得了對官吏的管理權。另一方面，他設法把親身服役改為徵收貨幣稅。他的做法是在清丈土地的基礎上推行「一條鞭法」，將地方官員已經不斷推行的「役歸於地」的做法予以正式化並推廣到全國。就是說，把原來百姓負擔的繁雜的役，比如解運物資、給衙門幹雜活、充當治安民兵、維護驛站等，統統改為繳銀代役、官府雇人服役，然後再將這樣的銀兩攤入田畝中，田畝越多繳納越多。於是，原來百姓的負擔被合併為一條，並按土地的面積徵收，這就叫作「一條鞭」。

張居正的不易

客觀地說，張居正的改革，沒有什麼格外新奇的地方。雖然他解決了明朝中期財政的一些問題，但遵循的都是各個朝代中期改革的常規，沒有別出心裁的地方。但是，如果把當時的歷史情境考慮進去，就可以發現張居正改革中的三個不容易。

第一個不容易，張居正改革的法理地位和組織基礎是不足的。唐代楊炎、宋代王安石作為君主支持下的宰相，他們推行改革時擁有必要的法理地位與組織制度的保障，他們主導的政事堂可以直接指揮六部官員。可明代在組織制度上，由於廢除了宰相制，內閣行使的只是票擬權，即在大臣提交給皇帝的奏摺上為皇帝草擬答覆，再由皇帝或者司禮監描紅確認，其實並沒有真正的決策權，也不能直接指揮六部。作為內閣首輔，張居正並沒有以往宰相在制度上擁有的最高行政權和監察權，這些權力在明代屬於皇帝。以考成法為例，它對張居正的改革至關重要，是張居正要求各級官員服務於財政改革的重要工具。可是在明代制度中，由六部對自己的官吏、六科給事中對六部的官吏進行考成，法理上還能說得過去；但張居正主導的內閣，用考成法來控制六科給事中、指揮六部官員，懲罰未通過考核要求的官員，其實於法無據。

第二個不容易，張居正改革嚴重依賴地方實踐的推動和下層的發動，而缺乏頂層的設計與主動推進的力量。王安石可以藉由創設「三司條例司」這樣的新機構來頒布新法令推動改革，但張居正並不掌握負責改革的專門機構，也缺乏主動立法的力量。比如「一條鞭法」所代表的賦役制度改革，實際上早在嘉靖年間就在地方層次不斷地實踐並呈擴大之勢，然而在中央層面卻爭論多年、不置可否。張居正只好再找地方進一步實驗，在取得明顯成績後，才順勢發布詔旨通行全國。

第三個不容易，張居正的所作所為，都是在既有的制度安排和利益格局內進行的存量調整而非增量改革，都是在操作層面而非制度層面的變化。他的改革從來沒有打算改組政府或重新創制文官組織。改革期間，國家既有的制度結構沒有大的變化，沒有建立新機構或者增添新職能，一切基本沿襲舊制，只是在操作層面上做了調整。在財政方面，張居正沒有推出真正的開源措施，沒有對當時已經比較繁榮的商品經濟實行有效徵稅，也沒有對前面說過的日益嚴重的非正式財政體系採取有效對策。

張居正的個人動作

那麼，在如此不容易的情況下，張居正到底是如何推動改革的呢？

在很多時候，他繞過法理與正式的組織，透過個人人事的運作來推進相關改革事項。比如說，他以升遷為誘餌來籠絡官員服從他的指揮，發出大量的私人信箋與地方巡撫、總督或六部官員談論國事，勸說他們上書提出某項政策建議，然後自己再以大學士的資格代皇帝批准，實現曲線救國。

之所以張居正能夠藉由代皇帝批准來推動改革，在相當程度上並非源於首輔的權力或內閣的組織，而是利用了皇太后的私人信任、首席宦官馮寶與他多年的交情及默契，以及自己作為年幼皇帝導師的便利，這樣他就可以影響皇帝詔旨的發布，特別是掌握了較大的人事任免權。換言之，張居正只是權臣，他藉由潛在的人事手段來推行改革，用篡取的權力來推動公務，用個人的努力來彌補制度的不足。

當然，說張居正利用人事的運作來推進相關改革事項，並不是說他手中沒有權力，也不是說他完全不依靠官僚組織，而是說作為內閣首輔的權力和原來的官僚組織，只能用來處理常規事務，並不能用於非常規的財政改革。正因為採用了許多非正式的做法，張居正在朝堂上屢受彈劾，他的改革也沒有延續性，以至於最終人亡政息。

張居正「一條鞭法」改革的核心，是在搞清每家每戶土地數量的基礎上，將國家的各種賦役合併攤入田畝中，計畝徵銀。這樣的制度，執行者仍是大大小小的官吏。可在當時掌握土地的，大多就是這些官吏或者受他們庇護的人。這些人利用制度內或制度外的特權，逃避賦稅，轉嫁負擔，想方設法破壞土地帳冊的真實性與完整性。因此，運行財政制度的大小官吏，也是逃避賦稅的主要力量；或者不如乾脆說，正式田賦不能應收盡收，正是因為他們的行為怠惰，不願意及時更新資訊。在短期內運用嚴刑峻法，犧牲他們的利益或者強制這些官吏行動起來，確實能夠在一定程度上改善賦稅狀況，但這樣的財政制度並不具備長期良性運轉的條件。再加上前面說過的，在明代制度下，非正式財政體系已積重難返，國家以農業經濟中的田賦為主體也使得正式收入數量始終有限，最終無法根本解決財政問題。

因此，明朝的財政制度在那時事實上已經積累了太多的問題，靠張居正個人的動作，無法糾正制度的缺陷。就像黃仁宇先生說的：「當時的制度已至山窮水盡，上自天子，下至庶民，無不成為犧牲品而遭殃受禍。」

小結

萬曆年間張居正發動的改革，是帝國時代財政上的又一次自救行動。這場改革在收入、支出、管理方面都遵循了王朝中期財政改革的常規，但改革的過程卻顯得比較特別，因為它缺乏制度與組織的支援，而純靠張居正個人的人事操作。相對於以往朝代明君賢相式的財政改革，張居正的改革是相當不容易的。這樣的改革雖然短期內改善了財政狀況，但因無力糾正制度的缺陷，而使得帝國財政困境無法根本解決。

本章內容以下幾點值得重視：

一、張居正改革最著名的措施是一條鞭法，把原來老百姓身上各式各樣的服役合併攤入田畝中收稅。這樣的改革措施幾乎每個王朝的中期都在做，即把親身服役改為貨幣負擔。

二、張居正改革雖然解決了明朝中期財政的一些問題，但遵循的都是各個朝代中期改革的常規，似乎沒有什麼特別突出的地方。但考慮明朝帝國制度的具體情境，那就可以發現張居正改革的三個不容易：缺少法理和組織基礎；沒法藉由頂層的設計來獲得推進的力量；只能在既有的制度安排和利益格局內進行存量的調整。

三、張居正為了改革採用了很多非正式的做法，繞過法理與正式的組織，利用潛在的人事手段來推行改革，用篡取的權力來推動公務，用個人的努力來彌補制度的不足。所有這些導致改革沒有持續性，後來只能人亡政息。

23 太監收稅：正路不通，必走歪路？

在讀明朝歷史的時候，很多人都會有一個深刻的印象，那就是太監權力特別大。王振、劉瑾、魏忠賢等專權太監的名字，能列出一長串。明朝的太監專權，被清代統治者列為必須吸取的重要教訓。在今天的蘇州市，有一處歷史古跡五人墓，埋葬的是明朝天啟年間的五名義士。這五名義士因支持被捕的東林黨人而慘遭太監勢力的殺害。陪葬在五人墓旁的是葛成墓，墓主即是萬曆年間蘇州工商業者集體抵制太監收稅的代表人物。

在這一章我要專門說一說太監收稅問題。從今天的財政眼光來看，我們不能簡單地認為，收稅的一方就必然不正義，而反對收稅的一方就天然正義。事實上，至少從明代中期起，工商業經濟就已經有了巨大的發展，可其中的經濟剩餘並未成為國家的可稅資源。因此太監收稅事件，恐怕錯的不是收稅，而是收稅的方式；值得關注的也不是皇帝的昏庸與太監的跋扈，而是明代政治已無法從「正道」解決財政收入問題，於是必然走向了一條

「歪路」。

太監收稅也瘋狂

到了明代中後期，工商業經濟已相當發達。南方的絲綢、瓷器、棉布，北方的棉花、羊毛絨線，貨通全國；借助與歐洲、日本的外貿，大量白銀流入大明。在白銀貨幣的幫助下，工商業城鎮不斷興起，專業商人出現，民間尤其東部地區普遍富裕。

明代初期，政府在財政上一開始就將重心落在對土地徵收田賦上，而對工商業實行輕稅政策。朱元璋強調：「理財之道，莫先於農。」因此將洪武十八年（1385）所收商稅數字作為以後的定額，規定今後不得增加。他還懷疑那些號稱善於徵收商稅的官員只是更善於剝削商民。於是，自明初開始，工商稅幾乎都是定額徵收，難以增加。

到了那位著名的不批奏章、不上朝的萬曆皇帝後期，他遇到了突發的財用匱乏問題：一是接連發生戰爭，即有名的「萬曆三大徵」，朝廷分別在寧夏、朝鮮、播州用兵；二是紫禁城中的宮殿接連受災，需要營建。但皇帝要增稅、尤其是要增加工商稅的想法，依然受到官僚的堅決反對，反對的理由就是祖制不可改、稅重民生苦。其實，明代中期工商業的發展，受益最大的群體就是官僚商人。他們竊取自己所主持的鹽、茶、馬國家專營貿易的利潤，運用自己的權力經營商業或給商家提供庇護，從而分享商業利潤和商業輕稅的好處，甚至有人不惜勾結東南沿海走私集團及倭寇，來獲取海上貿易的利潤。其實不少東林黨人，就是這樣的官僚商人。

在不可能透過正道對日益發展的工商業徵稅的情況下，萬曆皇帝只好派出自己的私臣，即太監，到各地去開礦、收工商稅，或者監督地方官員收工商稅。承擔這些工作的太監，被稱為礦監和稅監。

對於工商稅，帝國官僚既不願意收，也收不好。太監們雖然有意願，但也不可能收得好。這些被派去收稅的太監，大量使用地方上的惡棍，盡一切可能去敲詐勒索。他們常常「礦不必穴」、「稅不必商」：開礦時並不針對礦穴，而是威脅要在人家的房屋或祖墳下採礦，以索要好處；收稅時也不管有沒有商業活動，到處設點，盡力搜刮。這些肆無忌憚的收稅行為，在許多地方激起民變，本章開頭說到的葛成就是其中的反抗代表。可是，用如此高的徵稅成本和損失極大信譽所獲得的收益，其中九成入了太監及其手下的私囊，入公庫者不及一成。

皇室財政的功與過

那麼太監收稅在帝國政治中是否具有合法性呢？答案是，有合法性。在帝國財政的理念中，天子擁有一切財產，有權對任何財富徵稅；而皇室徵收工商稅，本是有傳統的。這一傳統來自春秋戰國時期，君主對耕地實行「通公私」和「履畝而稅」，將山海池澤等非耕地劃為「禁地」，不再讓民眾免費使用，若要使用就要繳稅。對於從禁地獲得的出產物或者加工物徵稅，最初可能有兩個環節：一是在交通要地設關卡收取「過稅」，二是在市場上收取「住稅」，相當於今天的銷售稅或財產稅。對於鹽、酒、茶等特殊商品，像前面說過的，除了徵稅外，還可能採用官營或許可的方式來獲得財政收入。

過稅或住稅等構成的工商稅，在形式上與今天的商品稅相似，但在性質上其實是不同的。現代商品稅，實質上是利用公權力徵收於私經濟，具有公共性；過稅或住稅，則是對產權屬於君主的商品進行財政徵收，源於私權而非公權，其公共性甚至弱於同時期來自耕地的田賦。因此過稅或住稅在早期屬於皇室財政，而不像田賦那樣屬於國家財政。

對國家財政與皇（王）室財政的區分，至少在戰國時即已出現，在秦代制度上已經明確。漢代繼承了這一做法，國家財政「賦於民」，收入主要為田賦與算賦，由大司農主管，「供軍國之用」；皇室財政主要來自皇室土地收入以及各種工商稅，由少府主管，作為「私奉養」的「天子之費」。

國家財政與皇室財政的分立，在帝國時代有積極的意義，它體現了中華帝國制度設計中的政治智慧。一方面，它約束君主不去侵蝕國家財政，其支出行為受到皇室財政收入的限制。另一方面，國家財政的運行比較正規，有較為嚴格的制度要求和會計核查，而皇室財政的運行比較靈活，可以利用向國庫撥入內帑、恩賞有功之臣、賑濟特定地區等形式，彌補國家財政制度因剛性而造成的不足。在實踐中，雖然有時君主違反了皇室財政與國家財政的區分，但這一原則並沒有動搖。

在後來的發展中，原屬於皇室財政的工商稅，不少開始慢慢地歸於國家財政。比如在明代，有三種屬於過稅性質的工商稅歸國家財政，即鈔關稅（由戶部對大運河上經過關卡的船主徵收）、商稅（由各地方官員對經水陸運輸的商品徵稅）、竹木抽分（由工部對造船原料徵稅）。但是，在北京對進城人員（主要是攜帶農產品入城的農民）徵收的過稅，則由太監徵收，收入歸皇室財政。

由於工商稅傳統上屬於皇室財政，因此萬曆皇帝才可以派出太監去收稅。可是，在帝國制度設計上，本來是用皇室財政的靈活性來彌補國家財政的剛性，但太監收稅事件表明，皇室財政的靈活性同時也帶來了專制性，會嚴重破壞民眾財產與人身的安全。可見曾經有助於中華共同體生存與發展的皇室財政制度，正日益展現出它猙獰的一面。

因成熟而僵化的帝國財政制度

明代財政的根本問題，並不是太監收稅，也不是當時的文人或後人批評的「稅重民窮」。正如黃仁宇先生指出的，明代財政的平均稅負只有十%左右，而同時期的日本，稅負達到五十%。從萬曆年間太監收稅一事來看，明代財政的根本問題在於國家機構與正常財政不能對日益發展的工商業經濟實現有效徵稅，不能充分動員起帝國時期的財政資源。在這樣的條件下，一旦國家對稅收有緊急需要，沒有正路可走就只能走上歪路，而歪路則會讓所有人都受到損傷。

明代之所以設計如此的工商稅制，既有吸取宋元工商稅收教訓的原因，也跟自明代起帝國進入成熟期有關。因為成熟，國家職能轉向內向，不以進取為能，不以擴張為目的，對支出的需要也就很少；因為成熟，國家試圖消除一切不確定，而採用定額措施去管理財政活動。對屬於自由流動資源的工商業經濟，則採取輕視和不負責任的態度。沒有必要的保護措施，沒有正規的商事法律和周到的法律程式，大大小小的官吏在工商稅的管理方面更是以馬虎和腐敗出名。

那麼，為什麼沒有國家保護的工商業反而發展起來了呢？一方面，可能是因為國家管制羅網的疏鬆而使工商業在數量上有了積累，即司馬遷曾經強調的「網疏而民富」。另一方面，由於官僚自己經營商業或由他們提供特權庇護而使工商業取得發展。由此產生的經濟剩餘，當然大多流入官僚手中，不能成為推動經濟進一步成長的有效資本（官僚獲得財富後往往去購買土地），也不能成為國家的可稅資源。正如明代大臣丘　對皇帝所說：

> 方今國與民俱貧，而官獨富。

「國弊家豐」一章曾提及的美國經濟史學家諾斯觀察到，十七世紀之後的英國，由於將財政收入建立在工商業經濟基礎上，國家可憑藉工商稅收來分享經濟發展的成果，於是國家與民眾之間就「同呼吸、共命運」。正因如此，當時的英國頒布了一系列針對商人的產權保護措施與法律體系。這些產權保護措施又進一步地推動了英國工商業的發展，增加了國家的稅收，最終讓英國走向現代國家。

小結

明代萬曆皇帝派太監去收稅，在相當程度上是想分享已經發展起來的工商業經濟剩餘。由於明初財政設下的限制以及那些受益於工商業發展的官僚的抵制，萬曆皇帝不能藉由國家正式制度徵收更多的工商稅，也沒有機會形成國家財政與民間工商業共同發展的命運共同體。這是帝國財政正路不通走歪路帶來的歷史教訓。

在這一章值得重視的內容至少有以下幾點：

一、明朝中後期工商業發展產生的收益，都裝進了官僚的腰包裡，沒法成為推動經濟進一步成長的有效資本，更不可能成為國家的可稅資源。

二、國家財政和皇室財政分離，可以約束君主不去侵蝕國家財政，君主的支出行為受到皇室財政收入的限制，皇室財政還可以藉由比較靈活的形式，去彌補剛性國家財政制度的不足。

三、太監收稅事件告訴我們，帝國的正式財政沒有和工商業經濟形成共同發展的命運共同體，也沒法分享工商業發展產生的經濟剩餘，最終正路不通就走了歪路。

24 皇帝勸捐：為什麼君主遭到官僚集體背棄？

明末的那位苦命皇帝崇禎，在歷史上贏得了許多人的同情。當北京城被李自成農民軍攻破的前幾天，崇禎皇帝曾經親自出面請求文臣、勳戚、宦官捐獻家資，給守衛首都的士兵發軍餉。可是回應者寥寥，皇帝一共也就籌集了二十多萬兩銀子。這點錢不夠發軍餉，自然也挽救不了王朝的命運。

可在今天，對崇禎皇帝勸捐無效這件事，我們不能簡單地解讀為王朝末代官僚在道德上的無恥和貪婪，而要看到帝國財政制度中捐獻制度自身的悖論。事實上，這一制度越到危難時刻越是無效。我們也不能簡單地認為這些官僚不愛國，而要看到朱明王朝實際上已遭到官僚的集體背棄。從皇帝勸捐這件事情，我們甚至還可以看出帝國作為制度正在滑向沒落的歷史趨勢。

◆ 帝國財政中的捐獻制度

在帝國時期，捐獻一般並不是真的無償，它往往是君主在正常管道之外，用特權與捐獻者進行的交換。捐獻作為制度，它出售榮譽、爵位甚至官職，以獲取臨時性的財政收入，用來滿足軍事、河工、賑災等緊急需要。

捐獻制度的起源很早，至少在秦統一天下之前，秦國就屢次鼓勵百姓向官府捐獻糧食，一般納粟千石，就拜爵一級。漢代沿用了該制度，到漢武帝時期，因為軍事行動與救災需要，經常動員民眾向朝廷捐錢捐糧，然後再由皇帝授予爵位或者給予免刑免役等特權，甚至在一定條件下還將捐獻者任命為官吏。

這樣的捐獻制度，此後歷代相沿。明代初期規定，民間子弟向國家捐獻一定數量的糧食、馬匹、金銀等財物，就可以換取進國子監讀書的資格。在當時，國子監是候補文官的培養基地，捐獻進入國子監，意味著由此進入仕途。明代中後期，捐獻者可以在榮譽職銜、入監讀書之間選擇，甚至可以直接做官。由捐獻獲得的財政資金，一開始主要是為邊餉籌資，後來也為賑災、修建大型工程服務。

到了清代，捐獻制度發展得更為系統也更為頻繁。這是因為清朝君主認為，如果走上仕途全憑科舉考試，那做官的人就不會對君主「竭智盡心，以邀恩寵」。因此，他們有意識地藉由捐獻制度引進一批依附於君主的官員，以便制衡科舉出身的官員。清代的捐獻制度分為常開事例和暫開事例，前者具有經常性，以出售考試等級、榮譽職銜為主，後者為河工、軍事等需要而特開，以出售官職為主。

捐獻制度在增加臨時性財政收入的同時，開闢了富人地位變動的一個管道。經濟精英由此被引入體制內，擴大了國家的社會基礎，因此捐獻制度在歷史上有一定的積極意義。不過，這樣的捐獻制度也有嚴重的消極後果。一方面，它將國家公職和榮譽職銜當作商品買賣，敗壞了制度的嚴肅性和社會的風氣，混淆了公權和私權的界限；另一方面，捐獻者沒有榮譽感，只是將捐獻當作投資行為，獲得官職後也只會搜刮民眾，不會對君主產生真正的感恩之心。

在崇禎皇帝勸捐事件中，那些官僚要麼不再需要官爵與榮譽，要麼覺得王朝大勢已去，要了也沒用，因此都不願意捐獻。由此可以看到帝國時期的「捐獻悖論」：越是王朝穩固不需要捐獻資金之時，官職與榮譽越值錢，捐獻的積極性也就越高；越是江山易姓王朝急需資金之際，官職與榮譽就越不值錢，也就越無人願意捐獻。所以崇禎皇帝勸捐無效這件事情，並不能說明這個時候的官僚真的有道德問題，只能說明帝國財政中的捐獻制度此時已失去了作用。

◆官僚背棄了朱明王朝

崇禎皇帝的勸捐活動，結果是令人寒心的。沒捐錢或者只捐一點點的那些官僚，可不是沒錢。在農民軍的拷打之下，他們後來大多都吐出了幾萬兩現銀，甚至有人吐出幾十萬兩。由此可知，諸多官僚事實上已背棄了朱明王朝。他們不覺得需要用個人的財富來拯救王朝的命運，在農民軍入城後他們紛紛投靠了大順政權，後來也大多投降了清王朝。

為什麼諸多官僚背棄了朱明王朝？為什麼這些人有意無意地認為，即將丟失的只是朱家的江山而與自己無關？

這與帝國制度理性化發展至明代的進程有關。

國家有效治理的關鍵，是政治制度能圍繞公共權力建立並臻於完善，其中重要的一環是避免權力為各級官吏所私用。在帝國時期，將所有權與統治權合一的君權，代行的是共同體的公共權力，這樣的制度可以依靠君主對自身地位的重視來實現公共權力的獨立性與至上性，以君主對個人利益的追求來保障共同體整體利益的實現。因此在帝國時代，君主不斷把官僚私用的權力集中到自己手中，看起來是君主藉由集權實現專制，實際上代表的是權力不斷理性化的過程。

舉一個例子。在現代，公司與帝國最為相似，因為公司的大股東也是所有權與管理權合一的。當尚處在野蠻生長階段時，公司有可能會把銷售權、財務權分散給各分公司，以增強公司的活力；但分公司經理有可能會將這樣的權力私用，做很多冒險的事情，因為這麼做收益歸自己，但風險卻由公司全體承擔。為此，總公司就會逐漸想辦法把權力上收到最高決策層，由大股東自己來衡量決策的風險與收益，並決定向下授權的程度。這是公司內部權力理性化的過程，或者說公司經營正規化的必然發展趨勢。

自戰國發展至明代的帝國制度，遵循的就是這樣一個權力理性化的過程。在帝國時期，由理性化帶來的就是政治專制程度的不斷加深。在明初，朱元璋廢除了宰相制度，親攬政務，六部直接向皇帝負責，這是君主集權也是權力理性化的反映。可是，當皇帝將幾乎一切權力都集中在自己手上實行專制時，政權也就真正地成為皇帝一家一姓的私有物，各級官僚行使的全是源於君主的制度化授權。皇帝與官僚之間的君臣關係因理性化而客觀化，因客觀化而變得冷酷，二者在心理上也就越來越疏遠。

在官僚的心目中，自己是因科舉成功而從制度上獲得了國家公職，憑藉資歷與功績獲得升遷，在微薄的官俸制度下憑本事撈取錢財，一切似乎都與皇帝無關。正因如此，當朱明王朝陷於危急時刻，便沒有人願意捐出私產來挽救與己無關的王朝。

◆帝國走向沒落

崇禎皇帝勸捐無效，在相當程度上，可以反映由漢高祖在「白馬之盟」中奠定的帝國君主官僚制的衰落，而其中最核心的則是君主制的沒落，由此反映出的是帝國制度正整體走向終結。

在漢初高帝十二年（前195），劉邦殺了一匹白馬，與諸大臣和將領盟誓曰：

非劉氏不得王，非有功不得侯，不如約，天下共擊之。

按照李開元先生的說法，在君臣相對平等意義上形成的這一盟約，在中華帝國史上具有極重要的意義。一方面，它意味著君位建立在可撤銷的契約基礎上。君主有「德」才會有君位，並受群臣擁護，若沒有「德」，王朝就該滅亡。另一方面，它意味著在帝國中權力分配採用血緣制和功績制兩套標準：最高統治權由皇族壟斷，以封同姓王為形式，透過血緣關係來繼承；一般統治權由官僚掌握，以封侯為形式，透過功績原則來分配。血緣繼承，可以確保君權能穩定地傳承；功績原則，在王朝初期主要是軍功，在後來則主要為文治功勞，即指承擔主要治理責任的官僚，需要靠能力與業績去獲得和保有權力。

如此，皇位方面透過血緣繼承和君權運用，構建起最高權力的轉移與運行機制；官僚方面透過憑能力錄用與憑業績升遷，建立起官僚治理權的授予與激勵機制。這樣的君主官僚制度，比起羅馬帝國的制度要有效得多。羅馬帝國沒有固定的皇位繼承制度，皇帝職位常常由軍事首領掌握的武裝力量決定，最多再經元老院選舉來確認；而統治各地的總督也常為皇帝的私人代表。因此它的皇位傳承沒有穩定性，官僚治理能力也沒有保證。

不過要說回來的是，在中華帝國的君主官僚制中，君主與臣僚不同的產生方式，也決定了二者既存在合作的需要，又存在背離的可能。就合作來說，官僚依靠君主獲得權力、實現個人理想，而君主也需要官僚來實現國家治理並鞏固自己一家一姓的君位。就背離而言，僅憑血緣原則繼位的君主個人，不可能真正贏得依靠學識獲取官位、憑藉業績決定升遷的官僚的忠心。

從勸捐事件可以看出，在君主可能失去江山時，具有自己獨立地位與權力來源的官僚，在背棄君主時是堅決無情的。哪怕是勳戚和宦官這些被君主有意識地扶植起來的人，也沒有成為衛護一家一姓政權的力量。明末思想家黃宗羲的一句話，把這些官僚的心思更加清晰地表達出來，那就是「天下為主，君為客」：君主不是天下的主人而只是可以更換的客人，任何人的君位都是可被撤銷的，官僚也可為不同的君主服務。

今天，我們在黃宗羲說法的基礎上進一步追問：「客從何來？」顯然有兩種可能的答案：一種是不經主人同意而來的惡客；另一種是經主人同意而來的善客。帝國君主顯然是不經主人同意而來的惡客，是用武力搶來的地位，所謂「打江山者坐江山」。可如果是經民眾同意而招來的善客，或者說經選舉產生的最高統治者，那這個帝國實際上已經不再是帝國，而具備現代國家的特徵了。

因此，黃宗羲等思想家的想法離現代國家的理念只差一步，君主制甚至帝國本身已經事實上在走向終結。不過，我們也要看到，從明末開始走向終結直到清末真正終結，帝國拖了非常長的尾巴。

小結

崇禎皇帝在國破之際向群臣勸捐失敗，揭示出帝國財政制度中的捐獻制度，越是在君權危急之際越是失效。官僚不願意捐獻，與帝國權力理性化過程中君臣關係因客觀化而變得冷酷有關。同時，群臣都不在乎易姓改號，說明君主制事實上已經開始沒落，帝國正顯示出逐步走向終結的趨勢。

本章以下內容值得重視：

一、捐獻作為帝國的一項財政制度，有一個悖論：越是王朝穩固不怎麼需要捐獻資金之時，官職與榮譽就越值錢，捐獻的積極性就越高；越是江山易姓之際急需資金，官職與榮譽就越不值錢，也就越無人捐獻。

二、捐獻制度有積極的一面，能臨時增加財政收入，還開闢了富人地位變動的管道，擴大了國家的社會支持基礎。

三、從白馬之盟開始，中華帝國在皇位方面透過血緣繼承和君權運用，構建起最高權力的轉移與運行機制；在官僚方面透過憑能力錄用與憑業績升遷，建立起官僚治理權的授予與激勵機制。

四、從崇禎皇帝勸捐無效一事，我們已經可以看到帝國在走向沒落。不過，從明末走向終結，直到清末真正終結，帝國拖了非常長的尾巴。

25 黃宗義定律：民眾的稅收負擔到底從何而來？

無論是過去還是現在的學者，一說到古代稅收，大都會替那個時候的老百姓叫苦，認為稅收負擔太重了。歷史課本經常會用一個詞——「苛捐雜稅」，來說明老百姓的負擔，主要是正稅之外滋生出來的各種名目的雜稅。一般而言，當這種現象變得嚴重時，帝國就會發動並稅改革，把雜稅併入正稅，靠提高正稅來減輕老百姓的全部負擔；但往往在並稅改革之後，很快又出現新的雜稅。這種雪球越滾越大的現象，被黃宗義稱為「積累莫返之害」。

黃宗義是明末清初時期的大思想家。到了當代，歷史學者秦暉先生把黃宗義說的「積累莫返之害」，命名為「黃宗義定律」。在今天看來，「黃宗義定律」的確說出了帝國財政發展的一個特點，但若認為帝國時期民眾負擔只有單方向的加重，卻也有些誇張。我們今天並不能把「積累莫返」單純理解為統治階級的殘酷剝削，在一定程度上它其實是財政管理應對經濟發展的一種變通措施。而且，稅上加稅的主要危害不在於稅負加重，而在於負擔不確定。要尋求稅收負擔的確定性，焦點不在於探求客觀的定額，而在於徵納雙方需要有某種協商機制，可這是帝國制度難以提供的。

黃宗羲定律中的「積累莫返之害」

在明末清初，有一批思想家對中華帝國及其財政制度進行了深入反思，黃宗羲就是其中的傑出代表。他強調，一定要認清並設法革除財政制度中的「積累莫返之害」，解決民眾稅收負擔持續攀升的問題。

黃宗羲用古代財政史中的下述重大變化，來說明自己的觀點。他說，在夏、商、周三代之時，無論是叫「貢法」、「助法」，還是叫「徹法」，實際上都是田畝稅。可到了魏晉時期，在田畝稅之外增加了戶調稅的名目，有田的出田租，有戶口的出布帛。唐朝初年訂立了租、庸、調，有田地就繳稻穀作為田租，有戶口就繳紡織品作為戶調，有身丁就以絹作為庸稅。這樣，在田畝稅之外，增加了戶調稅、丁口稅。

到了唐德宗建中元年，宰相楊炎推行兩稅法改革。這一改革是以戶稅和地稅代替租、庸、調，每年分夏、秋兩次徵稅。民眾只要有土地，就按土地面積繳田畝稅。此時庸、調併入田畝稅。這樣，所有的新增雜稅就都併入正稅的田畝稅之中。

兩稅法沿襲到宋朝，在田畝稅之外又增收丁口、人身的錢米。到明代，兩稅法之外除了丁口稅，還要徵收力差、銀差。於是從嘉靖末年到萬曆年間，「一條鞭法」試行，所有府州縣的夏稅、秋糧定額，以及均徭、里甲、土貢、加銀等，合併折銀徵收，負擔主要落在土地所有者身上。由此，田畝稅又成為合併了其他雜稅的正稅。

但在「一條鞭法」之後，地方官府在田畝稅之外又逼農民去服各種徭役。更嚴重的是，在「一條鞭法」基礎上中央政府實行加徵，萬曆晚期和崇禎年間都在加徵新餉。後來，戶部尚書倪元璐又將新餉併入正稅。

黃宗羲的意思是，民眾在夏商周三代時只繳田畝稅，後來不斷加徵雜稅，雜稅又不斷併入正稅，之後又再產生雜稅，這就造成稅額的積累，以至於民不聊生。黃宗羲呼籲，要返回到三代只徵田畝稅的狀況。前面已提到，秦暉先生把黃宗羲概括出來的上述現象，稱之為「黃宗羲定律」。秦暉先生還解釋說，歷史上每一次財政改革都是在財政極端困難的情況下進行的，每一次改革都是在農民負擔異常沉重、對苛捐雜稅忍無可忍的時候進行的；每一次改革都是將雜稅併入正稅後一體徵收的，並都承諾正稅之外不再徵收雜稅；可每一次徵稅的官吏很快就忘了，或者是裝作忘了，現在的正稅裡其實已經包含了以前的雜稅，然後他們就又創立新的名目去徵新的雜稅。

積累莫返最大的害處

「黃宗羲定律」的提出，為我們解釋了歷史上財政變遷的特徵，那就是不斷地將雜稅併入正稅，又不斷地在新的正稅之外再派生新的雜稅。事實上，在前面的章節中，我已經說到了很多「黃宗羲定律」中的內容。其實，黃宗羲把夏商周三代財政收入概括為田畝稅並不準確。除此之外，有不少學者還提出，黃宗羲說農民負擔在歷史上單邊地不斷加重，這一點也不完全準確，因為以下幾個因素他沒有多加考慮。

第一，從財政支出方面看。黃宗羲沒有提到，隨著社會的發展和經濟的進步，以及國家疆域的擴大和人口的增加，國家的職能在不斷拓展，對財政支出的需求也必然隨之擴大。因此，從絕對額來說，百姓負擔的稅收必然要增加，畢竟國家的規模與開支怎麼也不可能保持在夏、商、周那個時期的低水準。

第二，從財政收入方面看。稅收絕對額的上升，未必意味著民眾負擔一定增加。黃宗羲似乎沒有考慮到生產力水準增長和百姓應稅能力提高的問題。財政史學家馬大英先生的研究表明，兩漢期間按照折算後的畝數和容量單位計算，土地出產的總增長幅度在八十%左右。宋代以後，許多地方農產品耕作從單作制變成雙熟制，單位土地面積的產量也在不斷提高，因此民眾的應稅能力事實上是在提高的。

第三，從財政管理方面看。黃宗羲沒有提及，統治者在改革財政舊制度的時候，往往會剔除不少雜派苛斂，並不是簡單地將正稅與雜稅合併。更重要的是，雜稅反覆出現，可能是在經濟增長形勢下增加財政收入的一種方式，也就是說以不改變正式制度為前提，藉由變通財政管理方式來達到加徵的目的。只要不超過一定的幅度，這種加徵未必會增加很多民眾負擔。

儘管如此，「黃宗羲定律」仍可說是真理，那就是，它強調稅負輕重不在於正稅名目和正稅有多少，而在於雜稅的稅率、稅源與徵稅方法。換言之，「明稅」之外「暗稅」的存在，才是決定民眾負擔的真正因素。而暗稅的問題並非在於負擔的輕重，而在於其不確定性——誰都不知道它的底在哪裡，無法預知什麼時候徵收、對什麼項目徵收以及徵收多少。

稅負的確定性有待於國家制度的升級

在正稅之外徵收雜稅，會讓民眾不確定該負擔多少，這種不確定會破壞民眾的預期，剝奪他們的經濟剩餘。那麼，怎樣才能增加民眾稅負的確定性呢？

在財政學中，有兩種不同的思路來處理這樣的問題。

一種思路稱為「配置範式」，它認為國家治理的理想目標是客觀可知的，財政要想辦法配置資源以達到這樣的目標，由此出發確定最佳稅收負擔的規模。事實上，朱元璋就持有這樣的思路。在他看來，分散占有土地的自耕農親自納糧服役的國家是理想的國家，每年兩千七百萬石左右的糧食和洪武十八年（1385）的商稅額就是最優的財政規模，後世子孫依此執行即可。在朱元璋心目中，這樣做稅負確定性強，民眾負擔輕。

另一種思路稱為「交易範式」，它認為國家治理的理想目標不可知，稅收負擔的最佳規模也無法預知，因為稅收帶來的犧牲與支出帶來的效用都是主觀的，到底什麼樣的稅收負擔是合適的，只能由徵稅方與納稅人在平等基礎上經談判決定。在這一思路下，稅收負擔的確定性並不依靠事先的定額，而要靠雙方的談判，基於納稅人的同意去徵稅才是確定稅收負擔的可靠方式。比如在十九世紀的浙江嵊縣，曾有一個由知縣和城鄉士紳組成的專門委員會「糧席」，每年分兩次（二月初五和八月初五）開會商議，決定本縣在田賦定額之外加徵多少以及如何徵收，以便既完成國家的正稅任務，又滿足本縣公務需要，並補充官吏的薪酬。因為有這麼一個機構的存在，當地納稅人在一百多年時間裡免受橫徵暴斂之苦。事實上，這種做法也不是嵊縣的獨創，在四川南川和其他一些地方，也能發現類似的談判機制。

從長期看，稅負的確定性肯定來自徵納雙方的協商，而不是某個容易過時的數字定額。要看到的是，由徵納雙方協商形成的稅負水準，未必是低水準。以一七八九年法國大革命前夕為例，當時擁有代議民主機構的英國比起專制政體下的法國，前者人均稅負水準是後者的三倍。黑格爾在十九世紀初出版的《法哲學原理》中也說過：「專制國家的人民只繳納少數捐稅，而在一個憲政國家，由於人民自己的意識，捐稅反而增多了。沒有一個國家，其人民應繳納的捐稅有像英國那樣多的。」因此，稅負到底重不重，關鍵在於納稅人自己覺得付出的稅收是否獲得了相應的回報。說到底，稅收總量到底應該是多少，或者說稅收占國民收入的多大比例才算得上是稅負重，並無可靠的科學評價機制來判定，必須交由民主程序來判斷，由民眾親自或者派出代表運用投票程式來決定。

可是，在中華帝國時期，這樣的談判機構與協商機制並不存在於國家層面上，雖然很多地方政府都有類似嵊縣的「糧席」制度，但它畢竟不是正式的制度，完全可能因地方長官的意志而存廢。要解決稅負的確定性問題，就要進一步把地方層次上存在的談判機制制度化，並提升、擴大到國家的層面。而這樣做，顯然意味著需要將帝國升級成現代國家。

小結

黃宗羲觀察到，在帝國發動並稅改革之後，雜稅又會在正稅之外再次產生。對於這一黃宗羲定律，我們今天不能把「積累莫返」現象完全解讀為統治階級的殘酷剝削，因為它可能是財政應對經濟發展的一種變通措施。但是，該定律正確指出了雜稅的不確定給民眾帶來不可承受的負擔。要尋求確定的稅收負擔，焦點不在於探求某種客觀的定額，而在於徵納雙方之間必須建立某種談判機制。可在帝國制度下，理念上天子擁有所有的財富，現實中君主與民眾之間實力相差懸殊，因此難以產生某種基於相對平等地位的談判機制。

本章值得重視的內容至少有以下幾點：

一、黃宗羲認為，歷代以來國家總是正稅之上加雜稅，雜稅併入正稅後又再加雜稅，老百姓的稅收負擔因此越來越重。對此，今天的學者認為並不完全正確。

二、黃宗羲定律的真正意義在於，它點明了老百姓稅收負擔重的決定性因素，是「明稅」之外還存在「暗稅」。帝國財政制度的真正問題在於，稅收負擔處於非常不確定的狀態。這種不確定破壞了老百姓對未來的預期，剝奪了他們創造經濟剩餘的能力。

三、要確立稅收負擔額度，存在兩種思路，一種是配置範式，一種是交易範式。但交易範式所要求的談判機構和協商機制，無法與帝國的制度邏輯相容。

26 江南奏銷案：用政治罪能否糾偏財政管理的無能？

前已說過明初「洪武四大案」中的空印案，本章來說說清初「江南三大案」中的「奏銷案」，這也是一個和財政有關的案子。

這個案子非常著名，因為它是一個打擊面特別大的政治事件。經過這一類似政治罪案件的打擊之後，江南士紳在政治上再也不像明代那樣「家事國事天下事，事事關心」了，變得本分保守起來。不過，今天的我們應該看到，在江南奏銷案中顯示出來的，不僅有清初統治者的殘暴，還有江南地區在帝國財政中作為異類存在的地位。江南奏銷案表明，在清代，帝國在財政管理領域中的無能，已無法用財政管理手段解決，統治者不得不用政治罪的手段來糾偏。

◆ 江南奏銷案

「奏銷」是清代順治年間在明朝財政帳冊管理基礎上發展起來的一項制度。該制度要求，每年年底下級官員要向上級官員上交奏銷冊，彙報本地已徵與未徵賦稅的情況。其中最重要的是各省督撫給戶部上交的奏銷冊，它由省布政使親自填寫，藉由督撫衙門上交給戶部，彙報本年度地丁錢糧的徵收、開支、欠徵、結餘等數目情況。戶部收到奏銷冊後，再進行審查，准予銷帳或者要求修訂、解釋。

江南奏銷案發生在順治年間。江南地區自晚明以來，就一直有嚴重拖欠錢糧的問題。江寧巡撫朱國治為了能在奏銷之前徵足錢糧，就利用順治十六年（1659）鄭成功軍隊北伐進攻江南的機會，以拖欠錢糧貽誤軍需為政治罪名，掀起奏銷大案。在案中，凡拖欠錢糧者，不問所欠多少，也不管是何種功名、甚至是否在職任官，一概革去功名或者降職調用，有人甚至遭到逮捕並被判刑。有一位曾經在科舉考試中高中探花（第三名）功名的人，因欠稅糧一文錢而被除去功名，時人戲稱為「探花不值一文錢」。這一江南奏銷案，最後波及士紳超過十三萬人。

除了奏銷案，清初統治者在江南地區還發動了哭廟案、通海案等一系列政治罪案，後人稱為清初「江南三大案」。在此之後，到了雍正時期，又在江南地區就錢糧虧空問題，進行大規模的清查與懲治。這些大都以政治罪名義發動的案件，固然有維繫統治的目的，即打擊江南士紳對清朝統治的抵抗心理，但更重要的是借此彌補財政管理之不足，糾正晚明以來士紳拖欠錢糧的積弊。

◆江南重賦與錢糧拖欠

自唐代中期開始，江南地區由於水利工程整治有力，農業精耕細作，手工業和商業日益發展，於是慢慢成為富庶之地以及最重要的賦稅來源地。在明清兩代，國家一半以上的賦稅出自江南。江南是賦稅重地，不僅體現在總量上，還體現在單位面積的田賦上。比如在洪武年間，全國普遍的田賦數額，官田每畝繳納糧食五升多，民田每畝三升多；可在江南核心區域蘇州、松江、嘉興、湖州等四府，田賦每畝高達七十五升。後來，江南地區的重賦雖累經減免，但仍遠高於其他地區。

與重賦相伴隨的是，江南地區又是錢糧拖欠重地。之所以欠稅，一方面也跟江南地區承受全國最高的賦稅額有關，只要遇到天災人禍，就無法繳納田賦。另一方面跟江南地區文化發達、獲得科舉功名的人數眾多有關。

在明代，政府對於獲得科舉功名者或者國子監的生員，在財政上給予一定的制度特權，比如可以少繳或欠繳田賦，可以免除徭役等。許多地主依託於這兩項特權，又發展出許多制度外的特權，比如：藉由詭寄、投獻於貴族豪強等行為，設法擴大自己賦役優免田的範圍；勾結官府或利用種種手段，不納應負擔的稅糧，轉嫁給無特權戶承擔；接受民眾向自己的投獻，或強占白奪民戶的土地和財產；利用自己的身分包攬別戶的田賦，代其繳納，從中牟利等。即使沒有科舉功名的地主，因託庇於貴族豪強等權勢階層，也能獲得賦稅優免。清代基本繼承了明代對於科舉成功者和官員在賦稅方面的優待制度，也就同樣承受由其制度帶來的內外特權引發的弊害。

這些擁有制度內外特權的地主，在江南一帶困擾著地方官員的財政管理行為。當地的知縣或主動或被動地配合著有特權的地主，在徵稅時將民戶分為兩類：一類是享有特權的鄉紳人家，知縣不但承認他們的制度內特權，也往往默認他們的制度外特權，這樣向他們徵收的賦稅就少於應有的數量；另一類是沒有特權的普通人家，知縣對他們的徵收往往超出法定的標準，讓他們承擔鄉紳人家不承擔或少承擔的賦稅。這樣做，往往會造成普通人家破產，或者促使他們將土地投獻於鄉紳人家，以求得優免賦稅。長此以往，就會進一步壯大鄉紳人家的實力，加劇土地帳冊的混亂，使大量田賦不能應收盡收。

由於鄉紳人家少繳稅、普通人家易破產，稅糧不能應收盡收，於是明清兩代江南地區在財政上就出現了大量的所謂「民欠」。以江蘇為例，自康熙五十一年（1712）起至雍正四年（1726），民欠規模達到一千一百萬兩，而清政府一年財政收入不過三千多萬兩。在這一民欠資料中，至少有一半來自地方官吏與鄉紳人家利用特權有意識地偷漏行為，另一半則屬於真正的民欠，但後者又有相當一部分是由帳冊管理混亂造成的。

「異類江南」凸顯帝國財政管理的無能

在帝國財政管理過程中，統治者尤其是清代統治者，對於江南是又愛又恨：愛的是江南提供了大量的財富與糧食、精緻的器物與藝術，恨的是江南商業文化腐敗、地方士紳勢力龐大、官吏上下勾結且消極怠政。除此之外，相對於閉塞、不發達、以自然經濟為主的北方，富裕的江南始終是個「異類」。在一定程度上，北方可行的帝國財政理想，難行於江南。

作為「異類」，江南至少有三個方面的表現，凸顯出了帝國財政管理的無能狀況。

第一，帝國財政理想的土地產權基礎是耕地相對均質、面積大體相等、由小自耕農分散耕種，可是在河網密布的江南，土地產權恰恰以租佃關係和雇傭關係為主。因商品經濟發達而土地交易活躍，又因為科舉成功者眾多而使大批地主擁有特權，這一切使得江南的土地產權狀況極其複雜。比如，田主對田底擁有的所有權與佃戶對田面擁有的永久耕作權，經常是分離的，實際的田主又常將土地在名義上轉讓給擁有免稅特權的人。由此造成江南地區特有的「一田三主」現象，即一塊田地有三個主人，分別是業主（一般是外居地主，將土地以較低的價格在名義上賣給大租主，約定自己每年仍可獲得一定額度的地租）、大租主（田地名義上的買主，是法律上承擔田賦的主體，但因為擁有法內法外特權而不承擔財政義務）、糞主（土地的實際耕種者，作為佃農而擁有永久耕種權，只向大租主交地租而不承擔財政義務）。如此複雜的納稅人身分結構，再也不像北方廣泛存在的分散獨立的小自耕農那麼單純。於是，按正式財政制度來徵收管理江南地區的田賦，就顯得困難重重，這也是奏銷案發生的背景。

第二，帝國財政理想是在管理上依託政府行政組織體系進行，以政府任命的里長、甲長來統領分散的小自耕農，可江南的社會經濟組織卻大量依託於宗族，以及由地方精英組建的「鄉約」等社會組織。以宗族為例，它以宗祠、族譜、族田為支柱，在明清已不僅是一個祭祀組織，其實際功能已重點轉向以經濟利益和組織權威來控制族眾，代表族眾與政府打交道。因此在江南，宗族取代了行政組織的大部分功能，甚至在部分地區宗族接管了地方公共事務，擁有對基層社會的控制權。宗族與鄉約等組織在江南的出現，改變了帝國的社會結構基礎，使國家喪失了部分對民眾直接統治的能力，這與北方又大為不同。

第三，在經濟上，帝國財政的理想基礎主要是糧食生產和自然經濟，而不是手工業製造和商品交易，可江南地區恰恰在經濟上表現為較為發達的商品生產與交易活動。在明代中後期及清中期，江南的工商業發展頗具規模。自明代中期起，就有人說江南的富商大賈不置土田，因為財政義務主要由田畝承擔，而工商業的財政負擔極輕。同時，無田產的農民，也會因工商業財政負擔輕而進入工商經濟活動中。可是，工商業經濟的發展在江南雖然消解了傳統的財政基礎，但自身並未成為財政的新基礎。這是由於明清兩代對工商業實行輕稅政策，使得大量財富不在財政徵收的範圍，僅靠徵收田賦無法觸及這些財富。

上述江南地區表現出來的異類現象，在帝國財政制度中，是無法用正式手段來解決的，所以才會有類似「奏銷案」這樣的案件發生。用定罪相對靈活的政治案加上嚴刑峻法來糾正積弊，以掩飾財政管理的無能。

小結

可見，在江南奏銷案中，清朝統治者殘酷整治江南士紳，既有統治的目的，也有在江南地區糾正晚明以來因財政管理無能造成的錢糧拖欠弊病。錢糧拖欠，既有江南重賦的歷史原因，也有士紳特權的問題。更為重要的是，江南地區在帝國財政中是一種異類的存在，因為帝國財政理想是由分散的小自耕農在國家行政機構組織下直接給國家納糧服役，這樣的財政理想在北方一定程度上可行，但在江南地區卻無法在財政管理領域實現。於是，在明清時期尤其在清代，統治者一方面在財政上離不開江南，另一方面又不斷地整肅江南，甚至不惜動用政治罪來糾正財政管理中的弊病。

不過，帝國財政中的異類卻是走向現代國家的模範，從晚清開始向現代國家轉型的進程中，江南地區成為先行者。

本章以下內容值得重點關注：

一、奏銷案是一個暴露出帝國財政管理無能的重大案件，江南地區拖欠錢糧的問題是因為制度，卻用政治罪的方式來解決。

二、江南地區的稅賦重，不僅體現在總量上，還體現在單位負擔上。

三、江南地區文化發達、獲得科舉功名的人數多，導致特權地主、鄉紳人家實力龐大，這也是拖欠錢糧的原因之一。

四、江南地區在土地產權、經濟形式、組織體系上，都與帝國財政理想相悖。但也因為具有現代色彩，江南成為向現代國家轉型過程中的先行者。

27 雍正帝改革：最具成功條件的財政改革為何失敗？

有關雍正皇帝的民間故事非常多，尤其是他的繼位方式和死亡原因，在後世催生了無數的小說和影視作品。在這一章我要說他，不是因為他的那些傳奇故事，而是因為他發動的財政改革。

以往人們在總結歷代財政改革失敗教訓時，已提出了不少原因解釋。比如說張居正改革失敗是因為缺乏真正的君權支持，王安石變法失敗是因為君主個性比較軟弱，還有一些財政改革的失敗原因在於受到了特殊利益集團的制約等。但這些原因在雍正帝財政改革中幾乎都不存在，可以說他的改革幾乎具備了一切成功的條件。例如，改革由個性強硬的君主親自發動，有能君能臣的相互配合。另外，類似於明末東林黨這樣的利益集團和朋黨力量，在清初受到反覆打擊後，到雍正帝時也已沒有多大的影響。但是很多人依然認為，雍正帝的財政改革最終是失敗的。那原因到底在哪兒呢？

◆ 雍正帝財政改革中的傳統內容

雍正皇帝在位期間發動的財政改革，既是王朝中期財政改革規律的重演，又有自己的新意。在雍正帝財政改革中有兩項內容是相當傳統的，也跟其他王朝中期財政改革一致：一是制度化地消滅力役，二是改善正式財政收入的管理。由於具備了諸多成功的條件，在這兩個領域改革的效果比較顯著。

所謂制度化消滅力役，是指雍正帝完成了「攤丁入畝」的改革。在前面的章節我反覆說到，帝國財政原則上不應以「稅人」為基礎，但要求民眾親身服役在帝國時期卻一再出現。因此王朝中期財政改革，一般都會把勞動者親身服役改為徵收貨幣稅。在明代「一條鞭法」改革中，民眾原來的差役負擔已被折銀攤入田畝中。可到清代初期，政府又宣布，十六到六十歲男丁要為國家服力役。清代的力役倒是一開始就可以折銀徵收，稱為「丁銀」。到康熙五十二年（1713），新增人丁不再承擔丁役，於是丁銀總額固定為每年三百三十五萬兩。在此基礎上，一些地方官員在本地試點將丁銀負擔攤入田畝中。雍正皇帝即位後，不斷地擴大這一「按畝均派」丁銀負擔的做法，並在雍正十三年（1735）大體完成。這一「攤丁入畝」改革，是帝國制度化消滅力役的最後努力。

所謂改善正式財政收入的管理，主要是清理民欠和追究虧空。在上一章我說過，由於制度內外特權的存在，鄉紳人家繳納的田賦往往少於其應繳數量，甚至根本不繳，這樣就形成了大規模的「民欠」。於是雍正皇帝在制度上剝奪部分官宦地主的特權，並設法消除他們的法外特權。另外他還採取了一些具體措施來清理民欠，特別是在江南地區採用土地清丈的辦法，查出隱匿的田畝。清理民欠還與追繳官員的虧空聯繫在一起，因為各級官吏經常將錢糧虧空歸咎於「民欠」。雍正帝強調，虧空的責任在於官員和胥吏而不是百姓。他透過嚴查錢糧虧空來整頓吏治，強制讓官員賠補財政虧空，甚至抄沒貪贓官員的家產以追還贓銀。這些努力，在相當程度上減少了應收未收的收入數量。

不過，「攤丁入畝」改革只是延續了帝國制度化消滅力役的趨勢，對這一成就評價過高似乎並不合適。在制度上，雖然雍正帝不再要求民眾服役，但在現實中，地方政府官吏向民眾徵求力役的做法並未消失，帝國也無力約束各級官吏不得強求力役。

清理民欠、追究虧空的效果也只是一時的。以嚴刑峻法整頓吏治、減少特權，使得正式財政收入應收盡收，這種做法的效果雖炫目卻難以持久。事實上，雍正帝改革後不久，民欠和虧空等問題又慢慢嚴重起來。

◆ 雍正帝財政改革中的新意

除了上述兩項具有傳統性的改革外，「火耗歸公」是雍正帝財政改革中最具理性也最有新意的內容。在前面章節中我說過，非正式財政收入體系，滿足了帝國合理的財政支出需要；不過陋規的存在，又確實敗壞了政府官員的風氣、加重了民眾的負擔。雍正帝發動改革，將部分非正式收入合法化，以此滿足合理支出的需要，進而嘗試消滅非正式收入體系。

雍正帝的做法是，將原來介於合法與非法之間的火耗合法化，做歸公處理。在操作上，各地方官員（州縣官）可以對解送給中央政府的地丁錢糧，以「火耗」為名義合法加徵一定比例的額外費用，具體比例由各省自定，但省內必須統一。由此獲得的收入，統一集中於省級財政，由省政府根據一定的標準分配給下級政府，要求它們按以下原則使用：首先用於補足財政虧空，然後用於補充各級官員的收入（即「官俸制度」一章說到的「養廉銀」），以及用於從事公務活動（即「公費銀」）。這樣的做法，體現了「以公完公」的原則，就是說透過公開、正式的手段取得收入，來履行符合公共目的和公務要求的職責。火耗的徵收，仍然由州縣官員進行，但因為該收入全部上繳給省級財政，在制度上杜絕了州縣官員截留與貪污的可能。以雍正時期的能臣田文鏡任布政使的河南省為例，雍正二年（1724）按正項錢糧的十%提取的火耗銀收入約為四十萬兩，其中五十四%用於養廉銀，四十六%用於公費銀。

雍正皇帝的火耗歸公改革是頗具理性特徵的。他看到，地方財政問題的核心在於依靠非正式的途徑來籌措經費，而不是因為人民無力或不情願繳稅；虧空和陋規的存在是制度問題，而不是官員道德問題，因此必須要用有制度的收入來彌補虧空、補充薪金。在改革中，雍正帝藉由火耗歸公創造出省級政府的正式財力，這一財力由省政府根據實際情況自主使用，它跟要向中央政府上繳的正項錢糧完全不同，也脫離了所有財富都必須由君主支配的傳統理念。雍正皇帝肯定，在地方政府職能中，確實有公務需要，比如地方基礎設施建設。他要求地方官員去瞭解這樣的公務需要，然後向省級政府申請公費銀來加以滿足。養廉銀的設置更說明，雍正帝想用正式制度來提供可能的條件，以使官員保持比較高的道德水準，而不是寄希望於空洞的說教。

◆ 帝國制度內財政管理難以理性化

雍正帝財政改革在一定程度上效果確實不錯，國庫連續多年出現了結餘，這在帝國時期是很少見的，甚至可以說取得了帝國財政的最高成就。就此而言，似乎雍正帝改革算不上失敗，反而應該稱得上成功。不過，哥倫比亞大學的曾小萍教授在《州縣官的銀兩》一書中，依然判定雍正帝改革為失敗，原因在於它未能造就理性化的國家，更不能避免十九世紀的中國成為「一個充斥腐敗、被離心力量所破壞的國家」。比如，最具有新意的火耗歸公改革，到乾隆年間就已失去了原意。原來留給各省支配的火耗收入，被戶部設定了開支定額，與正項錢糧一樣進行核銷，還需要在省與省之間協撥，失去了原來作為省級政府自主收入的意義。

為什麼火耗歸公改革並不能真正讓財政制度理性化？曾小萍教授認為，原因在於受限於「農業部門在中國經濟中占優勢地位」。這樣的解釋有一定道理，農業部門經濟剩餘少，清政府又像明代那樣未能有效地向工商業經濟徵稅，由此獲得的財政收入確實難以供給國家履行理性化的職能。除此之外，我認為至少還有以下三個方面的原因。

第一，不具備前提條件。火耗歸公要能成功，前提是各省的正項錢糧數額要足夠大，且能應收盡收，如此產生的火耗收入才能滿足公務所需。還有，火耗的比率與形式還必須整齊劃一，如此才能既公平又不給地方官員有腐敗的空間。但事實上在帝國廣闊複雜的地理空間內，根本做不到這樣的統一和規範；許多省份的正項錢糧數量極低，火耗收入不足以達到「以公完公」的目的。各省在實施火耗歸公時不得不規定不同的田賦附加比率，甚至不同的附加類型，無法做到統一、公平、規範，理性化，也因此不具備前提條件。

第二，超出了帝國的制度能力。改革要能成功，就必須能夠確定合適的養廉銀數目與合理公務活動所需要的經費數額。可在帝國條件下沒有能力解決這些問題，因為地方官員及衙門職員總是會用各種手段，發出增加火耗以滿足薪金和公務需求的呼聲，而中央政府無從辨別真假。只有建立基於民意的財政制度以及由市場決定工資水準，國家才能真正瞭解民眾的公共服務需求和官吏的薪金水準，並以此確定定額。

第三，不具備長期維繫的動力。這場改革的動力來自君主的推動，可君權自身是特權而非純粹的公共權力，君主自己或家族就有私人利益需要維護，很難長期有效地約束各級官吏的權力私有化問題，否則一家一姓的統治就無法持續。就管理而言，君主不可能長期以高壓姿態對官吏階層，短期間大規模的嚴刑峻法也只能奏效於一時。

小結

在歷代財政改革中，雍正帝發動的財政改革幾乎具備了一切成功的條件。他的財政改革成果確實也炫目一時，達到了帝國時代的最高成就。但是雍正帝財政改革最終依然被判為失敗，因為它未能將財政管理制度真正地理性化，也因此不能避免國家在十九世紀遭遇治理失敗。

本章內容至少以下幾點值得重視：

一、雍正帝改革中有兩項傳統的內容：在制度上消滅力役，完成「攤丁入畝」的改革；改善正式財政收入的管理。大體上，這兩項內容效果還不錯，但並無法長期實施。

二、「火耗歸公」是雍正帝改革中創新的內容，體現了「以公完公」的原則，頗具理性特徵。特別是其中的養廉銀設置，說明雍正帝想用正式制度來提供可能的條件，讓官員保持比較高的道德水準，而不是寄希望於空洞的說教。

三、雍正帝改革不成功的原因是，在帝國制度框架裡，財政管理不具備真正理性化的前提條件、制度能力與長期動力。

第伍部分　走出帝國

向現代稅商轉型，
再造少年中國。

28 海關稅：為什麼說它是帝國財政向現代轉型的標誌？

從這一章開始，為你說一說帝國財政是怎麼向現代轉型的，其轉型的標誌在我看來就是海關稅。海關稅的興起，過去有人把它解讀為西方列強入侵和中國半殖民地化程度加深的標誌，但在今天看來，它更多是代表著中國財政因應外來衝擊，而在內部發生的革命性變化。特別是在以海關稅為代表的現代稅商形式成長起來以後，工商稅收已不能僅從財政收入方面來考察其意義，而更應看到，它是塑造國家形態、進而推動國家轉型的力量。

赫德的海關

我們先來認識一個英國人，他的名字叫羅伯特・赫德（Robert Hart）。為什麼要說他呢？因為他在晚清時期任職總稅務司，主管中國的海關長達四十九年（1861-1910），去世後還被追封為「太子太保」。在他任內，每年海關稅收入從白銀四百多萬兩增長到四千多萬兩，從占財政收入不足十%增長到超過三十%。赫德主管下的海關，不但為晚清國家運行和洋務運動提供了資金支援，更重要的是，它為當時的中國人樹立了現代財政管理的標杆。

在雍正帝改革那一章我說過，雍正帝沒有辦法真正解決非正式收入體系中存在的問題，陋規與貪污是帝國財政管理難以解決的痼疾。但赫德管理的清代海關，卻成為最有效率、最少貪污的官僚機構，在當時被許多人認為是一個奇跡。

赫德為什麼能做到雍正皇帝也做不到的事情？除了赫德個人的能力與品行外，後人還關注到他在海關內部監控方面的有效舉措。他引進了連英國也才實行十年的現代會計帳冊與審計制度，還為海關職員提供了高額的薪水與豐厚的養老金。更為重要的是，赫德自覺地從代表現代文明的英國那裡吸取制度經驗，其中特別重要的一點是將政治與行政分離，或者說將負政治責任的政務官與負管理責任的事務官分離。在赫德管理下的中國海關是專業行政機構，所有的職員都是事務官，憑藉業績與能力對赫德負責，也由赫德決定升遷與降職，不受他人干預；而赫德個人，則在政治上對任命自己的清政府總理衙門負責，可以去職，但在職期間不受他人影響。

這樣，赫德主管的海關機構擁有自己獨立的地位與權力，不像帝國其他官僚部門那樣「上下相維，大小相制」，似乎誰都能向機構內插一腳，誰都能想辦法「敲竹槓」。此外，赫德的海關還受到比較嚴格的外部監督，新聞媒體盯著它，依靠海關稅還債的債務人清政府、債權人代表西方列強領事館，也都在盯著它。

海關稅在中國的興起

赫德主管下的海關所收海關稅，是晚清財政轉型的標誌。為什麼說海關稅有這麼重要的意義呢？想搞清楚這個問題，要先瞭解海關稅的興起。

海關稅不是突然出現的，在帝國時期實際上有很深的歷史淵源。至少從戰國時期開始，帝國就對國內流通的貨物徵收內陸關稅，在唐宋之前就已出現專門的機構市舶司，在港口對進出口貨物徵收海貿關稅。到清代乾隆年間以後，由戶部和內務府分別代表國家財政與皇家財政，借助於有壟斷特權的廣州十三行，從海外貿易獲取財政收入。在晚清，海關稅之所以興起，外因是國家被迫開放通商口岸而致關稅收入自然增加，內因則是國家在生存危機狀態下不斷向工商業尋求增加財政收入。

清道光二十二年（1842）《南京條約》簽訂後，中國開放了五個通商口岸。在通商口岸，清政府設置管理進出口貿易的稅務司署，稱為「新關」或「洋關」。與此相對，仍在國內課徵內陸關稅和船稅的關卡，稱為「舊關」或「常關」。按照道光二十三年海關稅則，對於從通商口岸進出口的貨物按列舉法從量徵稅，未被列舉的貨物則從價逢百抽五。可由於絕大部分進口貨物都未被列舉，因此海關稅總體來說是從價計稅，進口稅率大致是五%，出口稅率大致在十%。

由此可見，晚清海關稅的興起一開始是被迫開放通商口岸的結果。到後來，被迫開放的通商口岸不斷增加，貨物進出口範圍與數量也大大提升。為了獲得更多的收入，清政府後來還主動開放了一些口岸。於是，海關稅的地位越來越重要。在咸豐十一年（1861），海關稅只有約四百九十萬兩白銀，光緒十三年（1887）為兩千五百萬兩，到光緒二十九年則為三千兩百萬兩。就這樣，海關稅逐漸成為第一大稅種，到民國時期依然如此。

光緒二十九年，海關稅收入占財政收入比重達三十%；民國十七年（1928）該比例為四十一%。

海關稅雖然在帝國財政史上有稅商淵源，但在晚清仍有很大的新意，代表著現代工商稅收在中國的興起。海關稅的新意至少表現在兩個方面。

第一，它建立在西方工業革命後的商品經濟基礎上，不像帝國時代稅商那樣針對的是自然經濟與手工業經濟，商品的數量與等級不可同日而語。比如說，像囤積居奇這樣常見的帝國時代的商業手段，在現代就幾乎沒法用了，因為工業產品可以及時大量地生產出來。

第二，海關稅的徵稅對象大多為從事巨額貿易的西方商人或者中國商人，相對於徵稅者來說，具有很高的談判能力。因此，納稅人對稅收負擔有比較可靠的預期，再加上赫德對海關實行的是現代管理，所以海關稅就不太會像帝國時代稅商那樣，成為政府盤剝民眾的工具。

當然，這一時期的海關稅也有嚴重的缺陷。比如，它對進出口貨物都徵關稅，有悖於現代國家鼓勵出口、限制進口的關稅政策；海關稅納稅人之所以談判能力強，是因為背後有西方列強的武力支持，而且海關稅的稅則由外國人決定、海關由外國人管理，這些都代表了國家主權的喪失。

海關稅標誌著現代工商稅收的誕生和財政的轉型，海關稅（關稅）的增長，實際上代表的是現代工商稅收在中國的興起。為什麼在以稅地為核心的成熟帝國，到了晚清會有稅商的重新興起並採用了現代的形式？與歷代王朝改革都發生於山窮水盡之時一樣，晚清以關稅為標誌的工商稅收興起，首先也是由外來入侵帶來的巨大財政危機引發的，帝國財政無法提供充足的財政收入幫助國家度過生存危機。

在道光初期，以稅地為主要收入來源的帝國財政制度仍是成功的，表現為除了個別年份外財政基本上都是有結餘的。可在一八四〇到一八四二年的鴉片戰爭中，清政府戰敗，軍費開支與戰爭賠款使得主要依靠田賦的財政狀況急轉直下，幾乎年年虧空，直至一八五〇年前後才有好轉。這是晚清財政遇到的第一次重大危機，而財政的危機往往就意味著國家的危機。這是因為在帝國時期，由於缺乏現代財政的融資手段，比如公債，國家也並非建立在自下而上的民眾同意基礎上，若沒有財政資源自上而下地推動，整個國家就難以有效地運轉。

第一次鴉片戰爭帶來的巨額軍費與賠款支出尚且只有一次，可接下來晚清政府面臨的財政危機一個接著一個。多次對外戰爭的失敗，帶來了巨額的軍費與賠款支出，太平天國運動的爆發在增加軍費的同時，毀滅了傳統的賦稅重地江南，由此種種原因產生的巨大虧空，讓清政府的財政出現了大危機。

為了克服這樣的財政大危機，朝野上下一開始還想藉由傳統的減薪減支等「節流」措施來應對，或者用傳統的開源手段來解決問題，如大搞捐獻、鑄發大錢、向地方攤派等。可是財政危機依然持續不斷且日益升級，這說明此時的財政危機是根本性的，並不能在帝國制度框架內解決。

要解決這樣的財政危機，只能依賴於開源，而開源顯然不可能依賴稅地，只能設法擴大稅商。晚清時期的稅商，與宋代稅商、尤其是王安石變法相比，相似的是，兩者都是在國家生存危機時向工商業尋求增加財政收入；不同的是，宋代稅商沒有工業革命提供的商品經濟基礎，而晚清的稅商則有西方傳來的工業革命基礎和西方商業富國的經驗。因此，晚清開始的這種稅商具有強烈的現代性，標誌著中國財政的轉型。

除了關稅增長外，主要基於內貿而對過關卡的貨物徵收一%貨值形成的厘金收入，也在不斷增長中。這樣的厘金雖然淵源於傳統的過稅，可由於在財政收入比重上越來越大，且完全由各省政府徵收成為省財政收入，漸漸地具有了新意。在二十世紀初，厘金的規模估計占全國財政收入的十三%以上。除此之外，還有鹽稅。在「鹽利」一章我曾說到，晚清直至北洋政府時期，鹽業體制從許可制改為徵稅制。因徵收管理比較規範，鹽稅收入迅速成長為僅次於關稅的第二大財政收入形式，在總收入中一般占十五%以上。除了海關稅、厘金和鹽稅外，為了增加財政收入，從晚清到民國，政府還從西方陸續引進了其他工商稅種，如煙酒稅、印花稅、營業稅、所得稅、遺產稅等。

以關稅為代表的現代工商稅收在中國的興起，深刻地改變了財政收入的結構。在乾隆三十一年（1766）的財政收入中，田賦占七十二%，鹽稅、關稅、厘金的收入共計只占二十%；可是在光緒二十九年（1903）的財政收入中，田賦比重下降為三十四%，關稅、鹽稅、厘金上升為主體收入，共占六十二%。主體收入形式的變化以及晚清工商業經濟的發展，帶來的是財政收入的巨大增長。第一次鴉片戰爭前後，清王朝中央政府掌握的財政收入每年僅為白銀四千萬兩左右，甲午戰爭之際增至八千餘萬兩，到一九一〇年已高達三億餘兩。傳統的輕徭薄賦與量入為出的帝國財政理想，從此一去不復返。

財政轉型推動國家轉型

工商稅收代替田賦成為主體財政收入形式，在中國具有非常強烈的財政轉型意義。這樣的轉型，動力來自何方？它又有什麼樣的歷史意義呢？

英國歷史學家湯比先生曾經揭示，來自外部挑戰產生的壓力，可能會刺激一個國家的發展，但這種外來壓力不能太大，又不能太小，「足以發揮最大刺激能力的挑戰是在中間的一個點上」。與宋代、特別是南宋面臨的外來壓力過大相比，晚清面臨的外來壓力是相對適度的，所以才能起到應有的刺激作用，能夠讓中國為應對外來挑戰而不斷地自我進化。

在晚清時期，要使中華共同體避免亡國滅種，就必須增加財政收入；而要增加財政收入，就不能再依靠田賦，必須轉換主要收入形式，從工商業尋求增加收入；要增加來源於工商業的財政收入，就必須突破重農抑商的帝國傳統，以國家的力量來實現工業化經濟和現代化社會。但要形成現代化經濟和社會，就必須運用國家機器來大力改造傳統的經濟和社會，而在改造之前又要先讓國家機器現代化。因此，從晚清開始，外來壓力導致的財政危機以及對危機的應對，最終促進了中國向現代國家的轉型，其中凸顯出來的是財政轉型對國家轉型的推動。

小結

在外部列強入侵的威脅下，晚清時期帝國制度的固有缺陷暴露無遺，集中表現為財政無法提供充足且有彈性的收入，去支援國家克服生存危機。晚清時期，由赫德主管的海關所徵收的海關稅的興起，是中國財政因應外來衝擊而致內部發生變革的標誌性事件。海關稅的成長，不是財政收入方式的一種簡單變化，而是標誌著國家財政從帝國財政向現代財政的重大轉型。為了獲取更多的工商稅收以克服生存危機，國家必須出面推動工商業經濟的發展，這一要求使得財政轉型推動了國家由帝國向現代轉型。

在這一章值得重視的有以下幾點：

一、英國人赫德徵收的海關稅，不光是給晚清國家提供了資金支援，還標誌著晚清財政向現代的轉型。

二、海關稅是一種現代稅商收入，不會像帝國時期的稅商那樣成為盤剝的工具。海關稅以及鹽稅、厘金等工商稅收的徵收，深刻地改變了中國財政收入的結構。

三、晚清面臨的外來壓力相對適度，起到了刺激國家發展的作用。在其中，財政轉型推動了國家轉型的發展。

29 張謇開工廠：現代重商主義是怎樣興起的？

前面幾章，我已經講解了不少歷史人物和他們的財政故事，桑弘羊、楊炎、王安石、張居正等。在這一章，我要在這個名單裡加一個看起來和財政沒有太大關係的名字：張謇。

張謇這個人學問好，是清光緒二十年（1894）科舉的狀元，能力強，參贊過軍務，辦過教育，協助過治河救災，是個非常優秀的儒家知識份子。不過，在中了狀元之後，張謇沒有走傳統入閣拜相、治國平天下的道路。從光緒二十一年底開始，他在南通辦起了棉紗廠，後來賺了大錢。以此為基礎，他不斷地興建與民生相關的麵粉廠、肥皂廠、發電廠，還建造碼頭、公路，甚至主持設計要把南通建成現代城市。最後，他憑藉創辦實業取得的地位，還參與了清末立憲運動和民國的建立。

狀元開工廠興實業這個故事，雖然不是改革變法，也沒有制度設計，但值得在財政上仔細挖掘其中的意義。之所以這裡把他算作財政史人物，是因為在他身上能看到中國向現代重商主義的轉型，而現代重商主義又是現代財政的基礎。

上一章提到，自道光二十年（1840）之後，中國財政已明顯出現向現代轉型的態勢，以海關稅為代表的工商稅收，逐漸成為主要的財政收入形式，而工商稅收地位的提高又以工商業經濟發展為基礎。在財政上重視工商業的發展，可以叫它「重商主義」。在古代中國，以桑弘羊、王安石為代表的思想家，以宋、元為代表的國家財政政策，都有一定的重商主義傾向。不過，從晚清開始興起的是一種現代重商主義。不同於古代的重商主義，它表現為重視工業超過商業，重視私營企業甚於官營企業，並且大大抬高了工商業從業者的地位。

接下來，我會從財政視野來分析張謇開工廠這件事中，所包含的現代重商主義興起的內容，它包括利益原則在中國的合法化、洋務運動的過渡意義，以及工商業從業者地位的上升等三個方面。

◆ 現代重商主義興起的前提：利益原則在中國的合法化

張謇作為科舉狀元卻去辦工廠體現出來的第一方面意義，是標誌著利益原則在中國逐漸合法化，這是現代重商主義興起的前提條件，或者說社會心理基礎。

在西漢始元六年（前81）那場鹽鐵會議上，文學賢良的重農抑商主張之所以勝過了桑弘羊的重商主義，除了因為當時的生產結構以農業經濟為主外，在相當程度上還因為文學賢良認為工商業的發展會破壞社會的道德基礎。所以，他們認為基於道德考慮，國家必須堅持重農抑商，要把利益原則放在次要的地位，甚至認為追求利益是不道德的。在張謇開工廠初期，也有許多知識份子罵他是讀書人的敗類，丟掉了禮義廉恥。幾年後，張謇還向兩江總督劉坤一回憶自己忍辱負重創辦工廠的經歷。

張謇是那個時代儒家知識份子的一個典型，他為什麼寧可忍辱負重也要興辦工廠呢？這是因為在甲午戰爭戰敗之後，以他為代表的知識份子認識到，中國若想富強，就必須興辦實業謀求利益。張謇認為，自己辦工廠、求利益，不是為了私利，而是「為國求財」。要知道，張謇的這個想法也是符合傳統儒家要求的。

在古代中國，雖然總體上重義輕利，但仍然肯定像國家富強或者人民富裕這樣的目標具有重要的意義，認為國富這樣的「公利」目標要高於儒家君子的個人利益或者君主的私利。就像黃宗羲說過的：「不以一己之利為利，而使天下受其利。」到了晚清時期，在國家遭遇生存危機的時候，像張謇這樣的知識份子發現，如果國家沒有財力，就不能抵抗外敵入侵，也就無法存續下去。於是，他們接過傳統對「公利」的肯定，認為只要是為國家富強去求利，就不算重利輕義。可以說，張謇等人運用國家富強這樣的公利目標作為過渡，引領著中國人在心理上接受了利益原則。

張謇開工廠求利是中國人思想向現代轉型的一個象徵。在現代國家，追求利益是個人行動的動力，努力實現經濟增長是政府政策的目標，國家因此被界定為促進經濟增長的工具，政治法律制度如果不能有利於國家富強就要重建。所以，一個國家要走向現代，就必須讓利益原則合法化。但是，想要扭轉這一局面談何容易！要知道，在十九世紀，被中國知識份子認為重利輕義的西方人，也才剛接受利益原則沒多久。

在中世紀的西方，追求利益或者說金錢也曾在很長時間內遭到道德譴責。直到十六到十八世紀，許多思想家才相信，追求利益本身雖然不一定好，但它能夠帶來良好的後果。比如，像英國思想家休謨（David Hume）就宣揚，為了提高人的道德水準，可以用一種罪惡壓制另一種罪惡，比如說鼓勵人們用愛財的罪惡來抑制貪圖享樂或者其他的罪惡。休謨的好朋友亞當・斯密（Adam Smith）提出的「看不見的手」更為人熟悉，這個比喻告訴人們，如果讓每一個人都追求自身利益，那就可以帶來社會普遍利益的實現。在這些思想家的宣揚下，西方人慢慢相信，如果允許追求利益的話，那反而可以造就有道德的個人和優良的社會。於是，利益原則在西方才逐漸合法化，並引導西方人進入現代社會。

現代重商主義興起的過程：洋務運動的過渡意義

張謇開工廠的第二方面意義，是表明在現代重商主義的興起過程中，洋務運動具有重要的過渡作用，即奠定了在中國重視工業超過商業、重視私人企業超過官辦企業的基礎。

張謇到南通去辦棉紗工廠，是受洋務派大臣張之洞直接委派，棉紗工業也是洋務派重點扶持的產業。雖然張之洞很快就被調走，但他對張謇的第一推動作用不可忽視。張謇開工廠的物質基礎與對外的合法身分，也來自接收了張之洞原先用官款購買的紡織機器。這批機器本身可用，又被張謇折為官方股份，占總股本的五十%，他的企業就變成了公私合營企業。這對張謇在工廠啟動階段取得合法身分和對外招募股份很有幫助。由此可見，洋務運動在張謇開工廠過程中發揮了積極作用。

那麼洋務運動又是怎麼興起的呢？在晚清，當中國遇到國家生存危機之時，清政府延續了帝國時代舉辦官營工商業的傳統，先是在十九世紀六、七十年代，以「自強」為口號興辦官營軍事企業，然後又在七〇年代到九〇年代中期，以「求富」為口號辦起了官營民用企業。這兩個前後相繼的運動，把工商業的重要性提升到了一個前所未有的高度。經過洋務運動，清政府才把重商主義上升為國策。比如說，在各省設立商務局，在中央設立商部，用來溝通官商關係、保護工商業者的利益。政府還頒布《商人通例》、《公司律》等法律，來維護市場規則、加強產權保障。此外，政府還制定許多行業政策來推動工商業發展，比如主動開放通商口岸，用爵位來獎賞工商業者，甚至為民營企業提供貸款等。可見在這個時候，國家已經把促進工商業發展作為自己的重要職能了。

雖然有上述洋務運動和重商主義政策作為基礎，但這不代表張謇開工廠就容易了。雖然有公私合營的名頭，但張謇在招募商股的時候仍困難重重。還好張謇最後成功了，工廠越建越多，企業越辦越大，而且擺脫了公私合營的身分。從洋務運動到張謇開工廠，以下兩個方面標誌著現代重商主義在中國取得的發展。

第一，洋務運動引進了西方先進的工業技術和組織，把工業的重要性提升到了前所未有的高度，中國的經濟基礎開始從傳統農業向現代工業轉型。從西方傳來的現代重商主義，建立在工業革命的基礎上，以大機器生產為前提。這一點康有為有深刻的認識，他呼籲將中國「定為工國」，認為國家的發展階段依次是以農立國、以商立國、以工立國，中國只有建成工業國，才能生存於世界。康有為的認識在思想上，而張謇的認識體現在實踐中，他宣稱：「富民強國之本，實在於工。」因此，與傳說中離開政壇、退隱江湖的越國謀臣范蠡不同，同樣離開政壇的張謇，創辦的是真正的工業企業，而范蠡這位傳說中的陶朱公，從事的是純粹的商業活動。

第二，洋務運動為轉向以私人企業為經濟活動主體奠定了基礎。帝國時期雖然重農抑商，但其實官方從來沒有放棄工商業中的官營制，我將它稱為稅商的措施之一。洋務運動透過「官督商辦」或者官商合營後發現，私營工商業的效率遠遠高於官營工商業。所以，後來官方在政策上轉向大力扶持民間工商業，張謇的一系列私營企業也正是在此背景下獲得成功的。他自己任民國農商總長後，也一再指出，官營企業沒有引導民眾興辦實業的心思，既浪費資金又無實效，今後官營企業要停辦，「悉聽民辦」。

現代重商主義的後果：工商業從業者地位的上升

張謇開工廠的協力廠商面意義，在於現代重商主義的發展產生了一定的後果，那就是開啟了中國的社會結構轉型，工商業從業者地位上升。

張謇開工廠初期屢遭歧視，不過在開工廠成功之後，卻受到廣泛的尊重。他成為地方自治的首倡者，預備立憲運動的領袖，南北議和的幕後推手，民國工商實業建設的規劃者。張謇取得如此高的社會地位，甚至獲任部長級高官（民國政府農商總長），可不是因為他的科舉功名，而是來自對他開工廠成功的肯定。

張謇的遭遇說明，傳統士農工商四民社會的結構已出現變化，工商業者的社會地位已經大大提高。要知道，在帝國時期，商業和商人地位不高，即使是富比王侯的廣東十三行領袖，也隨時可能被地方官員套上枷鎖問話。這一現象，曾讓十九世紀初來華貿易的西方商人大惑不解。張謇是一個象徵，說明「士商平等」的觀念正在整個社會慢慢確立，事實上「紳商共治」在許多場合已代替了原來的士紳政治。

義大利學者莫斯卡（Gaetano Mosca）在他那本名著《政治科學要義》中說，國家領導集團的產生與權力的承擔者，總是在以下三種精英中轉移：武力精英、財富精英、知識精英。一六四〇年英國革命和一七八九年法國大革命，標誌著在西方國家權力已從武力精英（軍事貴族）手中轉向財富精英（資產階級）。張謇社會地位的提高，標誌著在中國權力正從知識精英（士人）向財富精英（工商業從業者）轉移。因此，張謇從科舉狀元到因開工廠而崛起，標誌著士人在中國正喪失治理國家的功能和管道，作為掌握權力的精英階層正在消失。張謇的言行，也象徵著財富精英已具有自覺的階級意識，前面說到他宣布工商企業「悉聽民辦」而不再由官營，不僅說明他對官營與民辦效率差異有著深刻認識，也說明他在嘗試阻止國家在經濟領域內與私人資本競爭。

小結

晚清開始的中國財政轉型，表現為工商稅收在財政收入中地位的上升，其基礎是晚清工商經濟的發展。張謇開工廠的行為，極具財政史的意義。它標誌著現代重商主義在中國的興起。

本章以下內容值得重點關注：

一、張謇開工廠對中國財政史來說，第一個意義就是標誌著利益原則的合法化，或者說以張謇為代表的中國知識份子與社會公眾，慢慢克服了鄙視利益的傳統觀念。利益原則合法化，為現代重商主義的興起奠定了社會心理基礎。

二、張謇開工廠的第二個意義是，它表明洋務運動在現代重商主義興起過程中具有過渡意義，奠定了重視工業超過商業、重視私營企業超過官辦企業的基礎。

三、從張謇開工廠能看到的第三個意義是，工商業從業者地位的提升，中國社會結構已開始轉型。張謇作為成功的工商業者最終成為政府部長，說明財富精英正代替傳統的知識精英掌握國家權力。

30 度支部：帝國財政機構如何向現代轉型？

在前言中說過，國家徵什麼稅、怎麼徵稅，會反過來塑造國家本身。前面兩章說到，為了避免亡國滅種的命運，晚清在財政上開始努力增加收入，不再以田賦為主體收入，轉而尋求增加工商稅收。可要以工商稅為主要財政收入，國家就必須出面推動工商業經濟的發展；要發展工商業經濟，就必須運用國家的力量來改造傳統的經濟和社會。那麼難題來了，在能夠承擔改造任務之前，首先要使國家機器現代化。所以，晚清財政轉型最終推動了國家機器向現代的轉型。

這樣的推論聽起來有些抽象，現在我們來認識一個人，名叫載澤。他主持的中央財政機構度支部的改革，可以作為清末國家機器轉型的具體象徵。

載澤的度支部

載澤是晚清政壇上的重要人物，也是皇室成員。慈禧太后把自己的親侄女嫁給他，而他的妻子有一個親妹妹，正是光緒皇帝的皇后。

當然，載澤真正被記入史冊，不是因為皇族親戚關係，而是從著名的「五大臣出洋考察」開始的。當時清政府的統治已經岌岌可危，但當它看到在日俄戰爭中，實施君主立憲的日本戰勝了君主專制的俄國，就在一九〇五年派出了考察團，去瞭解國外的政治經驗。這個考察團的團長，就是三十八歲的載澤。載澤考察了日本、英國、法國、比利時等國，把自己的觀察思考記錄下來。回國以後，他向慈禧太后和光緒皇帝上了一道密折，奏請實行預備立憲。除此之外，他還推動改組機構和修訂法律，甚至還主持了憲法的草擬。由此可見，載澤在皇室中算是開明派，很有改革的魄力與能力。他主導改革的一個重要成果，就是將戶部改組為度支部。

由載澤親自主導的度支部改革，是清末預備立憲的重要組成部分。改革的成就怎麼樣呢？晚清政壇上載澤的死敵、後來任民國總統的袁世凱評價說：「前清預備立憲，惟度支部最有成績，餘皆敷衍耳。」

讓自己的政敵都稱讚的載澤，到底在度支部做了些什麼，以至於在今天可以把度支部當作帝國向現代國家轉型的象徵呢？

帝國財政中的戶部

自唐代起，戶部就成為帝國最高財政管理機關的正式名稱，它負責管理全國的疆土、戶口、田畝、財賦。戶部具體有什麼職能？

首先，它是一個專業機構，既要為皇帝實施財經政策提供諮詢意見，也要管理專賣、鑄幣等專門事項，甚至還要派人直接徵稅。其次，它作為國庫、會計和出納的主管，要收取各省上繳的錢糧物資，進行倉儲和帳目管理等。

再次，作為上級監督機構，戶部還要對各省的財政工作進行監管，審核它們的年度財政報告。

最後，戶部還是一個協調者，就稅賦、倉儲、賑災等事務，要和工部、內務府等機構進行工作協調和資源調配。

清承明制，在戶部機構方面的主要變化是，想方設法保證滿族人控制中央財政機構。比如，在人員安排上設滿、漢戶部尚書各一人，戶部左右侍郎也安排滿漢各二人，其他官吏配置方面也是如此。不變的地方有，在機構設置上除了部內辦公機構外，主要按省分別設立清吏司作為職能機構（清代有十四個）以主管各省財政事務，另外還設立一些直屬機構承擔特定的事務，比如鑄造錢幣、管理倉儲等。

到了晚清，在西方現代國家制度的對比下，作為帝國機構的戶部暴露出久已存在的問題。

首先，戶部過於重視控制地方財政，只想讓機構互相牽制，卻忽視了專業化分工和辦事能力，造成了大量職責不明和業務重複的情況。比如，戶部的山西清吏司除了管山西省的錢糧業務外，還要兼管各省向中央的財政奏銷業務。另外，同一個業務卻可能由不同的機構管理，比如八旗官員的養廉銀由山東清吏司兼管，在北京的官俸兵餉卻由陝西清吏司兼管。

其次，在人員配備和職權分工方面，戶部也沒能形成現代金字塔形的有效行政結構。剛才我說到戶部的尚書和侍郎，他們兩者之間並不是上下級關係，都有向皇帝直接上奏的權力，而且滿、漢大臣還並立，這樣就容易造成事權不分、相互推諉的現象，行政效率自然大大降低。

最後，戶部和工部、內務府這些機構之間，也有職能劃分不合理的問題。比如，工部也有徵稅部門，內務府也辦理很多財政事務。這樣造成的後果顯而易見，不但會削弱戶部作為最高財政部門的作用，還造成了財力分散和管理混亂。

戶部存在的這些問題在和平時期還好一些，可一旦到了國家危急時刻，就會是致命性的。舉個例子，光緒二十年（1894），中國為什麼會在甲午戰爭中打敗仗？原因當然有很多，但以戶部為主導的財政機構徵稅能力過低、中間環節漏損過大，是極為重要的原因。在當年，中國老百姓的實際財政負擔大約占國民收入的六%，而中央政府的財政收入不到國民收入的二%。這是什麼意思呢？就是說，老百姓創造出一百塊錢的收入，上繳了六塊，中央只拿到兩塊，中間有三分之二「漏掉」了。而同一年的日本，中央政府收到的賦稅占國民收入的三分之一，就是說，老百姓創造一百塊，中央政府能拿到三十三塊。有學者估計，當年中國的國民收入大約是日本的六倍，可是清朝中央政府的財政收入卻遠遠不如日本中央政府。這說明日本的財政機構，是更為成功的徵稅者，而清政府的戶部是失敗的徵稅者，不能把國內的經濟資源動員起來去贏得戰爭的勝利。

度支部內部機構的改組

到了光緒三十二年（1906）下半年，跟載澤一起出洋考察、在出國前任戶部侍郎的戴鴻慈，建議將戶部改名為度支部。這是因為，當時財政領域的諸多變化已經讓這個機構名不副實了。比如，以前叫戶部是因為財政機構只管人戶和田土，可現在的財政部門還要管國稅、關稅、貨幣、國債等很多新的事務，再叫戶部就不合適了。

其實改名稱還不算什麼大事，怎麼讓度支部有效地發揮為國理財的作用才是真正的大事。載澤在光緒三十三年（1907）任度支部尚書，之後大力改組部內機構，讓度支部向現代國家機構邁出了一大步。

載澤發動的改革，在宗旨上是要讓全國財政事務合理化。在機構設置上，對部內辦公機構，他只設承政、參議二廳處理辦公、人事、審議事宜，將原先戶部眾多的部內事務性機構全部裁撤。這樣不但節約了行政成本，而且提高了行政效率。他還把按省設置的十四個清吏司，改為按職能設置十個司，分別管理田賦、稅課、軍餉、會計等專門事務。這樣的設置極為合理，機構之間也可以進行職能分工與相互協作。在人員安排上，度支部不再設置滿漢雙頭領導，不再區分滿漢官員，尚書和侍郎之間明確建立上下等級關係，這就大大提高了行政效率。此外，在貨幣設計與鑄造等事項中，他使用專門的技術職員而不是過去被視為賤業的胥吏或工匠，提供了吸引新學人才進入政府的管道，讓中央機構得以走向專業化、技術化。

除此之外，載澤作為度支部的尚書，還兼任了稅務處的督辦稅務大臣和鹽政處的督辦鹽務大臣，分別負責管理海關和鹽政事務。為什麼要兼任呢，合併後統一管理不是效率更高嗎？載澤本來是打算把稅務處和鹽政處併入度支部，但是因為在度支部改革的時候，海關稅務控制在洋人手中，鹽政處主管的鹽業收入大多控制在地方督撫手中，合併受到了強力的抵制，沒能成功。所以最終度支部尚書兼任這兩個職位，這既是對抵制力量的一種妥協，也給未來度支部收回管理權留出了空間。

清理財政

載澤在度支部設立了一個臨時直屬機構「清理財政處」，專門用來清理財政。他還要求各省設立清理財政局，由度支部派員監理。載澤當時的說法是：

清理財政，為預備立憲第一要政，各省監理官，又為清理財政第一關鍵。

載澤把清理財政作為預備立憲、推動國家轉型的自覺手段。因為現代國家的財政是一種理性的財政，至少包含以下三個方面內容：第一，清晰界定政府職能，以此建構政府組織結構、安排必要的政務活動，這樣才可以確定各項支出數；第二，對社會經濟狀況作一個全盤的調查統計，這樣才可以弄清可稅資源的分布與徵收途徑；第三，在資訊充分和可計算的基礎上，決定稅收的徵收方式與使用方向。

由此看來，藉由清理財政將全國的財政資源完整、統一、公開地呈現出來，以便知情與使用，確實是國家理性化的重要一步。載澤也是這麼做的。他要求各省督撫在清理財政局的幫助下，查清各自的財政資源，整頓混亂的財政狀況，然後編成《財政說明書》送達度支部。各省提交的共二十卷《財政說明書》，包含了極其詳盡的資料，初步呈現了當時中國各省的財政情況，為接下來編制全國預算打下了基礎。

事實上，在當時對整個國家進行理性化調查，不僅限於清理財政。為了預備立憲，清政府要求各省設立調查局，專職調查各省的民情、風俗、商事、民政、行政規章等。無論是從當時的意圖還是事後的結果看，清政府做這些事情都是在為構建一個現代國家奠定基礎。

試辦預算

說到預算，我們知道，預算制度不僅涉及政府對財政資源的總體支配，和對政府工作的合理安排，而且意味著民眾可以透過代議機構來討論預算安排、評議政府工作、監督政府官員。所以預算編制與立法機構審議，是現代國家的標準特徵。我們一起來看看載澤在預算領域做了些什麼。

宣統二年（1910），載澤主管的度支部要求各省在清理財政的基礎上，由清理財政局編制省預算，然後經督撫核准後上報度支部，再由度支部匯總中央各部院的預算經費，編制全國預算草案，最後提交資政院審核。這樣就形成了一個初具全國規模、程式完整的一九一一年預算草案，並由具有代議機構雛形的資政院審批。在中國財政史上，這件事情具有開天闢地的地位。更令人驚訝的是，資政院對度支部提交的預算草案意見很大，極力主張將支出減少七千多萬兩白銀，才予以通過。資政院修正的預算案由於削減過多，事實上執行不了，但在形式上卻表現出立法機構對行政機構的制約，所以此次預算審批事件可看作現代國家制度在中國運行的一次偉大嘗試。

載澤的度支部又在一九一一年著手編制了一九一二年的財政預算，大力改正一九一一年預算編制中的缺點。由於清室退位，這份預算案無疾而終，但它對民國初年的財政運行有指導作用。尤其是這兩次試辦預算所培養的人才和積累的經驗，為民國財政管理奠定了基礎。

小結

晚清政府在預備立憲過程中，把戶部改成度支部，由宗室大臣載澤主導在度支部改組了內部機構、清理了全國財政、試辦了預算。載澤的度支部，反映了從海關稅開始的中國財政轉型乃至國家轉型，獲得了階段性的成功。

也許有人要問，晚清財政機構改革既然做得不錯，那清王朝為什麼會亡呢？清亡以後中國的現代國家之路走得也不順利啊？晚清財政機構改革成績不錯，但對晚清國家來說，包含財政改革在內的預備立憲來得過晚，歷史已經不再給清朝統治者機會了。此外，我也一再說到，帝國制度的根本弊病，在於君主權力是一種基於天下土地產權而形成的特權，這樣的特權不可能成為真正的公共權力，這就造成前面章節反覆說過的帝國制度運行的種種問題。所以，帝制必須被推翻，國家制度才能在新的平臺上按現代要求重建。

還要說明的是，對晚清時期的中國國家轉型來說，主要的變化發生在國家機器層面上，還沒有深入社會經濟的層面。所以，在清末，社會經濟層面現代化的程度還不夠，不足以支撐國家機器的變化。此時中國人面對的歷史任務，是要運用國家機器的力量改造社會經濟基礎，讓它現代化，再來完成國家整體的轉型。這就是從民國到新中國的歷史故事了。

本章的內容至少以下幾個方面值得重視：

一、載澤作為清朝最後一位財政大管家，對度支部內部機構設置進行了改革，按職能設置司，對機構組織實行合理分工，從而提高了行政效率。

二、載澤把清理財政作為預備立憲、推動國家轉型的手段，從而將全國的財政資源完整、統一、公開地呈現出來。

三、載澤的預算案雖然無疾而終，但對民國初年的財政運行有很大的指導作用，培養的人才和積累的經驗，也給民國財政管理奠定了基礎。

結語

到「度支部」這一章為止，我嘗試從財政視角再看一遍中華史的歷程就結束了。希望這本討論中華帝國財政史的書，能藉由「回望中華，回歸中華」，幫助讀者更好地「放眼世界，走向世界」。

本書的主體內容是講財政制度在歷史時空中的變化過程，借此來透視中華帝國的成長史，體會財政權作為強制性權力不斷公共化的趨勢。我想，讀完本書內容的你，一定會對中華帝國制度有同情的理解，不會把中國古代的帝國制度看成一團黑暗，也一定能夠洞察在歷史背後推動中國走出帝國的那種蓬勃動力。

接下來，我想交代幾個在正文中不便討論但又意猶未盡的問題，以結束本書。

帝國財政史上的三個關鍵字

帝國財政史上有三個關鍵字，可以用來貫穿本書的內容。

第一個詞是**責任**。在本書中，我借助財政的視角講解帝國制度，又敘述了在此制度結構約束中人的行動。歷史上，中華民族的生存與繁榮，離不開帝國制度的建構；而在此制度下，一個個鮮活人物的行動又反過來塑造了制度，改變了歷史的方向。這些人為什麼會這樣行動？除了利益的驅動外，我想離不開他們對歷史責任的自覺擔當以及躬身入局的道德勇氣。文學賢良為什麼直詆公卿、辯難侃侃？王安石變法時為什麼要強調「三不足」？張居正為什麼要用近乎篡權的方式改革？張謇為什麼要頂著罵名去開工廠？孔子以來士人對君子責任擔當的強調，成為中華文明擴展和國家治理的強大內驅力。正如復旦大學姜義華先生反覆強調的，像孫中山等人之所以發動辛亥革命，根本不是什麼階級利益的驅動（辛亥革命也因此不是資產階級革命），而是中國士人在新的條件下以天下為己任的責任擔當。我想，這樣的責任擔當，在未來仍將成為中國發展的內生力量與精神資源。

第二個詞是**權利**。凡事過猶不及，太強調責任，有時就會忽視權利。透過財政視角來透視中國史，會發現財政制度建構的第一件事不是安排收入，而是界定產權。只有界定清楚產權，承認人的主體地位和發揮自身積極性的重要，讓經濟活動者能獲得他們努力的大部分成果，經濟才能運行，文明才能繁榮。財政為什麼會從直接占有人身的城邦稅人時代，走向依託土地的帝國稅地時代？是因為直接占有人身的勞役，使得「民不肯盡力於公田」，只能「履畝而稅」，以收取固定地租的形式承認人對自身勞動力及勞動剩餘的占有。在現實中，帝國雖然一再重複勞役形式，但不得不屈服於歷史的趨勢，不斷地從制度上消滅勞役。在帝國時代，農民經濟在相當程度上仍是生存經濟，勞動者迫於生存而勞動，個人獨立主體地位與主動積極性尚未占據主導的地位。但在帝國時代已起源，而到現代條件下蔚為大觀的工商業經濟發展，能創造更多的剩餘，但也因此更依賴於承認人的獨立主體地位和權利，依賴於公共權力對產權的保障。畢竟沒有人會去做預期要賠本的生意，正像「稅商」那一章宋高宗向秦檜指出的那樣。宋元時期的稅商政策，因為沒能始終重視這一點而失敗，而自晚清開始的現代稅商認識到了這一點，最終形成了推動中華國家轉型的力量。沒有權利保障，就沒有現代工商業，現代國家通行的稅收型財政也就成了無源之水。

第三個詞是**談判**。在中華帝國財政史上，主張重農的文學賢良可貴，但主張重商的桑弘羊就錯了嗎？實行激進主義改革的王安石讓人感佩不已，但持有保守主義態度的司馬光就大錯特錯嗎？交好太后和太監並趁皇帝年幼之際勇於改革的張居正了不起，但當時那麼多反對「一條鞭法」的意見就全無道理嗎？財政不可盤剝民眾，但國用總得花錢，壓迫民眾和滿足公務所需之間的界限在哪裡？帝國成熟時期的教訓告訴我們，它不在於某個祖制中的客觀定額，而在於跟民眾談判。在帝國時期，地方層面上曾出現過類似「糧席」這樣的談判機制，到清末出現了上升到國家層面的資政院。財政政策該選擇積極還是消極？財政的恰當界限、支出的正確方向在哪裡？這些都需要有正式有效的談判機制，隨之而來對談判結果實施的監督機制，以及與時俱進的糾錯機制。這樣的公開、平等、理性的談判機制，也是財政權力公共化的最好體現。

與其他物種不同，人的偉大在於發明了國家，並且能不斷地改進國家制度、組織機構與價值形態。對國家採取虛無主義的態度是要不得的，對稅收恨之入骨也不是健康的態度。關鍵在於，如何建構一個兼顧責任、權利、談判的財政制度，讓國家為眾人的生存和繁榮而服務。這是我藉由本書想要說明的歷史啟示。

用概念來反思歷史

「歷史」一詞，既可以用來指曾經發生的事情，也可以用來指記載並評價這些事情的著作。就後者而言，在我個人想來，至少有三種類型的歷史：考古的歷史、消費的歷史、反思的歷史。所謂考古的歷史，就是說寫作目的是還原事實，告訴人們曾經發生過什麼樣的事情。所謂消費的歷史，寫作目的在於提供有趣味的故事讓人愉悅，還可能順帶給人提供一些有益的啟示。這樣兩種歷史，已經有很多人寫過，前者以學術著作為主，後者以休閒讀物為主。我的這本書自認為屬於第三類，即「反思的歷史」，就是說寫作目的在於用理論去解釋歷史事件，以發現歷史的規律或者說歷史中存在的因果性。

用理論去解釋歷史事件，就是嘗試著用概念去把握歷史，以達到對歷史發展的通透認識。所以本書開篇的「財政之眼」一章內容在歷史類書籍中，會顯得比較特別，先交代了從財政視角認識歷史的幾個概念。只有擁有發現美的眼睛，才能在生活中發現美；只有掌握財政的一些概念，才能從財政史中洞察隱藏在深處的祕密。與此同時，我也相信黑格爾所說的：「概念所教導的，必然是歷史所呈現的。」所以，本書在展開時有三個概念的線索，一個概念是財政要素，一個概念是國家類型，還有一個概念是公共權力。三個概念合在一起理解，就是財政權在中華國家史上如何不斷地實現公共化的過程。抓住這個線索，就能明白歷史演變的方向所指與力量所在。

用概念來反思歷史，尤其從財政視角出發，確實可以給歷史一種相對深入、獨特甚至有時是顛覆性的解釋，能揭示出歷史的複雜與深層的祕密。以「太監收稅」這一章為例。萬曆皇帝讓太監去收稅，這是許多史書上都提到的事件，對此很多人給予了否定與譴責。我在這一事件上，至少分析、解釋出四層意思：

（1）傳統強調的皇帝的昏庸誤國與太監的瘋狂為禍；

（2）已有人關注過的，皇帝與大臣在工商業經濟領域爭奪利益，換言之，傳統觀點認為站在道德制高點的文人大臣其實也是為利，並沒有那麼高尚；

（3）少有人提及的太監收稅在法理上是正當的，即皇室財政在帝國史上具有合法性，同時它也有積極意義，只不過帝國越成熟就會越暴露其消極性；

（4）值得關注的徵稅方式與國運興衰之間的關係，即盯著田賦不放的明清王朝，未能在工商經濟領域形成國家與民眾的命運共同體，不能從日益發展的工商經濟中獲取可靠稅源，進而藉由更好的公共服務來促進經濟社會發展。

反思並解釋歷史，目的是發現歷史中的因果性；而在發現因果性之後，要麼利用因果性，要麼反抗因果性。

利用因果性，就像我在「鹽利」、「太監收稅」、「黃宗羲定律」等章節中表明的，財政若能在確保民眾產權的基礎上徵稅，就可以達到統治者與被統治者之間的利益共容、公私兩便。

反抗因果性，就像我在「輕田租」、「國弊家豐」中表明的，豪強士族會不斷自然地產生，這對於國家發展是不利的，因為豪強士族會壟斷政治、經濟、社會中的一切機會，使國家僵化，缺乏發展的機會，對此必須加以反抗。正如尼采所言，真正的歷史人物都是藉由反抗歷史必然性來創造歷史的。

在「國弊家豐」那一章我提到諾斯用過的一個與此相關的概念——「自然國家」。這個概念指的是執政精英很自然地傾向於讓自己的集團壟斷政治、經濟、知識等一切機會，因此自然國家的形成符合歷史的因果性。我在「財富戰爭」中說，在南北朝直至隋唐時期，歷史人物想盡辦法反抗了這種歷史的因果性（必然性），打破了豪強士族的壟斷，開放了政治、經濟、社會機會，由此才贏得了中華帝國後來的輝煌。但並不是每個國家都能完成這樣的任務，比如印度在歷史上始終無法打破固化的種姓制度。在現代國家，反對壟斷、節制資本，一定程度上也正是要反抗這樣的因果性。

相對於「自然國家」來說，今天歐美這樣的發達國家就曾經歷了「不自然」的過程，因為它們的歷史人物反抗了必然性，開放了政治、經濟、社會機會，讓各集團之間能夠展開競爭，讓各相關主體能充分參與。這是西方國家成功的祕密，某種程度上也給不發達國家提出了歷史任務：要想成為發達國家，執政精英就必須開放政治、經濟、社會機會。

◆歷史中的歸因與歸責

本書中，有關財政史的事件與人物的史實問題，我所運用的基本上都是常識，並沒有補充多少歷史事實。我個人著力的方面是歷史的歸因與歷史的評價。

對於歷史歸因，我想尋求的是某種歷史的規律。有一種看法是，歷史發展遵循「隨機遊走」，並沒有什麼規律可言，或者強調即使有規律，人也無法認識。這樣一種看法，實際上是認為歷史發展充滿偶然而沒有必然。與此相反，有人持有歷史必然性的看法，相信歷史的目的論（又分神定的目的和人的理性設定的目的），或者相信人受某種基本結構（經濟的、社會的或者價值的結構等）的決定。相信歷史偶然性的人，要麼不相信歷史目的，要麼基於人的自由意志而反對結構決定論。到最後，歷史偶然性與歷史必然性的爭論，很大程度上成為信仰之爭。

舉例來說，就像在股票市場上有兩類投資基金：一類是被動型基金，它相信股市走勢並無規律可言（唯一可稱得上規律的是就長期而言，指數漲幅總超過銀行存款利息），因此只能被動地根據股票指數構成去投資（複製股指中所包含股票的品種與比重），以便獲取指數漲幅收益；另一類是主動型基金，它相信股市或某些股票漲跌有規律可言並且可以被發現，於是這類基金根據自己發現的規律去主動購買股票或其他證券組合，以獲取超過指數漲幅的收益。事實上在股票市場上，這樣兩類投資基金一直都有，而且大概會長期存在下去，至於到底投資哪一種基金，則取決於投資者相不相信股市走勢存在規律。

我個人相信規律的存在，或者說相信一種弱的必然性存在。因為有某種必然性而非隨機遊走，所以我們才有可能認識；而這種必然性是弱的，所以我們才可能反抗，正如上文對「財富戰爭」的分析。

當然，這裡也涉及一個歷史哲學問題，即我們認識到的歷史因果關係是真實存在的嗎？在歷史哲學中，若認定歷史因果關係真實存在，並認為若有某種對歷史因果的解釋符合這樣的真實，那這種解釋就是正確的，這被稱為「符合論」。大體上，符合論認為，不同的歷史著作和歷史理論都在嘗試提出符合真實歷史因果關係的解釋，越接近越稱得上是正確的解釋，甚至可以說是唯一正確的解釋。但另外一種歷史哲學被稱為「融貫論」，它認為可能並不存在唯一真實的歷史因果關係，存在的只是對某種歷史因果關係的競爭性解釋。誰解釋的歷史現象更多、誰的內部邏輯更協調、誰與我們打算接受的別的解釋更融貫，我們就暫時接受這種說法為正確的解釋。在融貫論之下，承認存在多種解釋，而且接受其他解釋有存在的合理依據。我個人基本接受的是融貫論，相信對歷史因果的各種競爭性解釋中有很多都能成立，但在某種意義上或從某個角度看，有一種解釋相對於其他解釋來說更好。而且，我相信越到人類歷史後期，我們越能得到更好的、更清晰的歷史因果解釋。

在本書中，我一直嘗試著做出一些歷史因果解釋或者揭示某種歷史規律。比如，對於曾小萍教授將雍正帝改革失敗歸因到當時中國的農業經濟結構，我承認這種解釋是有道理的，但我個人對此問題的歸因則是當時帝國的制度結構的局限。當然，在歷史歸因問題上，需要注意的是不能把因果鏈拉得太長。

以「稅商」那一章的內容為例，宋代稅商後果的大致歷史因果鏈是這樣的：A蒙古軍隊入侵↓B財政壓力大出現危機↓C利用各種手段增加財政收入，特別是從鹽酒茶獲取稅商收入↓D民窮財盡↓E軍事失敗↓F宋亡。我在那一章著重講解的是C↓D這一因果鏈條，考察稅商手段對民窮財盡的影響，因為這本書就是從財政來認識歷史的。可是如果追究更多的因果鏈的話，那就可以追問，在蒙古人的入侵威脅下，財政不靠稅商增加收入怎麼能行呢？這就涉及A↓B↓C甚至更遠的因果鏈了。

朱學勤老師講過一個故事來說明歷史的因果鏈不能追究得太遠。員警要追究醉漢酒後駕車，醉漢辯解說，他之所以飲酒是因為酒吧老闆賣酒。酒吧老闆辯解說，他之所以賣酒是因為酒廠造酒。酒廠老闆辯解說，他之所以造酒，是因為兩千年前有人發明了酒。

回到「稅商」那一章的例子。應該說，這一章所說的C↓D的因果鏈沒有什麼問題，但在歷史上似乎確實沒有其他方法來擺脫B↓C這一因果關係，財政危機帶來稅商手段的使用似乎也無可指責。當然，B↓C是否具有必然性，有沒有其他方法解決當時的財政危機，今天的人可以設想，南宋時期浙東學派的葉適、陳亮等人也有過很多建議。只不過歷史沒法重來，分別對他們的建議加以實驗。

再補充一點，如果我們繼續追究剛才的因果鏈，追問蒙古人為什麼會入侵，那回答可能是因為它軍事力量強大；為什麼軍事力量強大，可能的回答是因為出現了成吉思汗這樣的天縱之才如此這般，最終我們就把原因追究到上天或者上帝了。這就是法國啟蒙思想家伏爾泰所說的，任何問題的原因追究到最後，我們就不得不求助於神或者說回到神。作為街談巷議，這樣追究沒什麼，可能還很有意思。但在學術上，因果鏈條追究太長就沒有意義了，所謂原因的原因的原因，不再是原因。

在歷史歸因之後，還有一個歷史評價與歷史歸責問題。當然，有人主張對於歷史搞清事實即可，無須評價。但我個人覺得評價還是有必要的，它有助於我們深化對史實的認識，並對我們今天有所助益。那麼歷史如何評價？具體到「雍正帝改革」那一章，我想至少有三個方面：基於當時條件的評價；基於改革目的的評價；基於後世影響的評價。基於當時的條件評價雍正帝，應該說他的改革是成功的，達到了帝國時代財政的最高成就。曾小萍教授在《州縣官的銀兩》中對雍正帝改革的評價是，它是失敗的，這是基於改革的目的和後世的影響來說的。就是說，雍正帝改革，並未達成「以公完公」的目的，地方政府依然經費不足，政府內部腐敗橫行，整個國家離心渙散，不能有效地克服十九世紀中國遭遇的內外危機。曾小萍教授的評價也是有道理的。

在本書中，我還經常結合現代國家的狀況或者今天的眼光來進行歷史評價，之所以如此，最主要的原因是把歷史看成有機成長的過程，藉由參照比較成熟的狀況或者說已經結出的果實，再去搞明白當時的歷史發展狀況或者起因，相對比較容易。就像馬克思說的，人體解剖是猴體解剖的鑰匙，對照成熟的人體來研究不那麼成熟的猴體，具有很好的參考意義。

不過，確實需要注意的是，要區分歷史評價與歷史歸責。對於歷史人物，可以評價，但儘量不要過於苛求並譴責。如果實在無法區分開歸因與歸責的話（有時歸因即是歸責），也儘量對歷史人物抱有同情的態度。在「商鞅變法」那一章我說到，商鞅變法建立起來的帝國制度當然是專制主義的，但要看到它的歷史意義，而不要去指責商鞅具有什麼暗黑心理或歹毒心腸。這麼做，就有些過於苛求古人了，也犯了時代誤置的錯誤。就像指責一個八歲孩子幼稚一樣，不是說批評得不對，而是過於苛刻。

歷史是很有意思的領域，正是透過不斷地學習史實、反思歷史，弄清歷史中的因果關係，人類才可能進步。黑格爾有句俏皮話：「人類唯一從歷史中學到的，就是他們沒有學到任何東西。」我想，這句話更大程度上不是勸阻我們學習和反思歷史，而是給予我們的學習和反思激勵。歡迎你繼續學習和探討歷史問題，更歡迎你有機會、有興趣的話多嘗試從財政視角來反思歷史。

參考文獻

1. 陳得芝等：《元朝史》，人民出版社一九八六年版
2. 鄧廣銘：《北宋政治改革家——王安石》，陝西師範大學出版社二〇〇九年版
3. 〔德〕黑格爾：《法哲學原理》，范陽、張企泰譯，商務印書館一九六一年版
4. 〔德〕黑格爾：《歷史哲學》，王造時譯，上海書店出版社一九九九年版
5. 黃仁宇：《中國大歷史》，三聯書店一九九七年版
6. 黃仁宇：《十六世紀明代中國之財政與稅收》，三聯書店二〇〇一年版
7. 〔清〕黃宗羲：《明夷待訪錄》，中華書局二〇一一年版
8. 李軍：《士權與君權》，廣西師範大學出版社二〇〇一年版
9. 李開元：《漢帝國的建立與劉邦集團》，三聯書店二〇〇〇年版
10. 〔法〕盧梭：《社會契約論》，何兆武譯，商務印書館一九八〇年版
11. 呂思勉：《大中國史》，吉林出版集團有限責任公司二〇一二年版

12. 馬大英：《漢代財政史》，中國財政經濟出版社一九八三年版
13. 〔美〕理查·馬斯格雷夫、艾倫·皮考克主編：《財政理論史上的經典文獻》，劉守剛、王曉丹譯，上海財經大學出版社二〇一五年版
14. 蒙思明：《魏晉南北朝的社會》，上海世紀出版集團二〇〇七年版
15. 〔義〕莫斯卡：《政治科學要義》，上海人民出版社二〇〇五年版
16. 〔美〕道格拉斯·諾斯、羅伯特·湯瑪斯：《西方世界的興起》，華夏出版社一九九九年版
17. 〔美〕道格拉斯·諾斯、約翰·瓦利斯、巴里·溫格斯特：《暴力與社會秩序》，杭行、王亮譯，格致出版社、上海三聯書店、上海人民出版社二〇一三年版
18. 錢穆：《國史大綱》，商務印書館一九九六年版
19. 錢穆：《國史新論》，生活讀書新知三聯書店二〇〇一年版
20. 秦暉：《傳統十論》，復旦大學出版社二〇〇三年版
21. 石磊譯注：《商君書》，中華書局二〇〇九年版
22. 〔英〕阿諾德·湯比：《歷史研究》，曹未風等譯，上海人民出版社一九九七年版
23. 萬明主編：《晚明社會變遷問題與研究》，商務印書館二〇〇五年版
24. 王利器：《鹽鐵論校注》，中華書局一九九二年版

25. 汪聖鐸：《兩宋財政史》，中華書局一九九五年版
26. 王業鍵：《清代田賦芻論》，人民出版社二〇〇八年版
27. 吳樹國：《唐宋之際田稅制度變遷研究》，黑龍江大學出版社二〇〇七年版
28. 吳思：《潛規則》，復旦大學出版社二〇〇八年版
29. 〔英〕約瑟夫・熊彼得：《稅收國家的危機》，劉志廣、劉守剛譯，附錄於〔美〕哈樂德・格羅夫斯：《稅收哲人：英美稅收思想史二百年》，劉守剛、劉雪梅譯，上海財經大學出版社二〇一八年版
30. 葉振鵬主編：《二十世紀中國財政史研究概要》，湖南人民出版社二〇〇五年版
31. 曾小萍：《州縣官的銀兩》，中國人民大學出版社二〇〇五年版
32. 周育民：《晚清財政與社會變遷》，上海人民出版社二〇〇〇年版

附錄：《燕京書評》訪談問答

按語

本書在相當程度上可以算是我的專著《財政中國三千年》（上海遠東出版社二〇二〇年版）的精編通俗版。下面的文字，是《燕京書評》的張弘老師就《財政中國三千年》對我的訪談問答內容。我把這些文字放在本書《附錄》中，並對其中與本書內容重複的地方作了刪節，供有興趣的朋友進一步理解本書。接下來，問的部分由張弘老師提出，答的部分則由我給出。

一、問：我讀完本書後感覺到，你在本書中有一個立場的轉換：在論及中華帝國時，採取的是大共同體本位；在本書最後論及通向現代國家的財政道路時，又變成了個人本位。我相信，這種立場轉換有你自己的考量。那麼，其中的原因何在？

答：這是一個非常好的問題，借著你這個問題以及有朋友對這本書中國家主義立場過強的批評，我重新反思了自己寫這本書的立場、方法與視角。我想有以下幾個方面的原因使你們做出這樣的判斷。

（1）我個人的思想傾向。如果用西方政治思想光譜來描述的話，我大致接近於左翼的社會民主主義，既主張個人權利或者說以個人為本位的價值觀，又相信國家的力量，認為在現代國家中政治責任具有相對於市場邏輯的優先地位，贊成國家應該而且能夠運用財政工具來改善大眾生活狀況、消除貧困和失業，以實現人最大程度的自由。雖然這本書並未涉及社會民主主義，但可能在寫作時我不自覺地帶入了這一思想傾向。

（2）這本書寫作的方法與視角。雖然書中並未多說，但我個人從事財政史研究，一直帶著強烈的政治學意識進入。我理解的政治學，是尋求個體與整體間平衡關係的學問，自然就涉及「權利——權力」兩者間的平衡。從政治學來寫這樣的書，可以從權利入手，探索個人權利如何在國家權力約束下不斷實現，也就是你說的「個人本位」；也可以從權力入手，探索權力中所包含的公共性如何在現實中不斷成長，最終實現人的自我統治，這看起來像是「大共同體本位」。不過，我想這兩種路徑應該是殊途同歸的，人的自我統治也就是人的權利實現。在現代國家，這一點表現得越發清楚。在這本書中，我採取的是第二條路徑，所以可能顯示出你所說的立場轉換。

（3）這本書的內容。這本書嘗試著從財政視角探索中華國家的成長史，其中的核心內容涉及財政制度所立足的人的生存狀況的變化。顯然，早期的中國人（即我書中所說的城邦時代）更多生存於共有共耕的村舍共同體，並因此建立起以稅人為主要形式的財政制度。後來到帝國時代，人生存於皇權籠罩下的家庭家族共同體中，在財政上表現為以小農家庭為基礎、以稅地為主要形式的制度。最後是迄今為止逐漸呈現的現代國家，人表現出經市場連接的個體化生存狀況，並因此體現為稅商的財政制度。生存狀況的變化，使得基於此而活動的財政制度、國家制度都發生非常大的變化，為此我在書中的描述也肯定跟著變化，也可能呈現出你所說的轉換。

二、問：你將中國戰國至晚清的帝國時代的財政類型稱為「家財型」，意思是帝國君主獲得財政收入主要來自自己在法理上對天下土地的擁有或支配，收入來自自家財產，治國如同治家，由此突出家國一體的帝國財政制度特徵。我理解，你所說的法理基礎即「家天下」，如黃宗羲《明夷待訪錄》所說：「以為天下利害之權皆出於我，我以天下之利盡歸於己，以天下之害盡歸於人，亦無不可；使天下之人不敢自私，不敢自利，以我之大私為天下之大公。始而慚焉，久而安焉，視天下為莫大之產業，傳之子孫，受享無窮。其既得之也，敲剝天下之骨髓，離散天下之子女，以奉我一人之淫樂，視為當然，曰『此我產業之花息也』。」用劉澤華先生的分析，即王權專制主義，這是書中隱而不彰的論說基礎或起點嗎？

答：我所命名的家財型財政，確實跟黃宗羲對於家天下後果的譴責，與劉澤華先生對王權專制主義的分析有關聯，他們的論斷構成了我分析家財型財政特徵及發展的基礎內容。不過，對於家財型財政這個概念還有以下兩個方面的要點值得注意。

（1）這是一個財政類型的概念。我試圖對古今中外的財政，依據收入標準來分類。正如大家熟知的，現代財政在類型上基本是稅收型財政。至於家財型財政，是把財政收入主要來源於政府（國有或者君主所有）財產收益的財政形式歸為一類，事實上可以將西歐封建國家、中華帝國、一九七八年之前的中國的財政都包括進來。在這一類型的財政中，政府財產收益雖然名稱上只是一個，但用今天經濟學的術語衡量，來源是多樣的，既可能來自經營利潤、轉讓收益，也可能來自市場租金，但更可能來自源於壟斷地位的壟斷租。正因為主要成分可能是壟斷租，所以黃宗羲所說的「敲剝」和劉澤華先生說的專制，都是其伴生物。

（2）這個概念本身是中性的。無論是黃宗羲還是劉澤華先生，在討論這個主題時事實上都帶有譴責的意味。他們的譴責當然是有道理的，也是這樣的財政類型所包含的特徵或者說發展的一種後果。不過，我在使用時並沒有譴責的意思。我覺得，這樣的財政類型是一定歷史階段的產物，有一定的歷史價值與地位。對它的利弊得失需要探究，到某個歷史階段後也確實需要超越，但不必過分譴責。

三、問：書中注重宏觀、整體性的研究，對於財政與底層民眾生活之間的關係涉及較少。記得有一個學者說過，中國過去只有農奴，沒有農民。從財政學角度，你怎麼看待這個觀點？

答：本書是在我給本科生授課教材的基礎上修訂補充而成的，自然就帶有教材的一個特點，那就是如何在有限的時間內（教學課時只有三十二節課）把中國財政史的內容講給學生聽，這就必然要求我像黃仁宇先生在美國給本科生講中國史一樣，「廣泛地利用歸納法高度壓縮現有的史料，先構成一個簡明而前後連貫的綱領框架」。這樣做的後果自然就呈現出你所說的「注重宏觀、整體性的研究」，而忽略了對財政與底層民眾之間關係的探討。

歷史當然也可以基於人來寫，像柏楊先生的那本《中國人史綱》一樣。我們的財政史研究與寫作，也可以像我前面說的那樣，從權利入手，探索個人權利如何在國家權力約束下不斷實現。這樣的話，就會自然顯示出從農奴向農民的一個轉化過程；或者就像你引用的那位學者的說法，相對於現代，過去的中國就只有農奴沒有農民。我想在此方面多種觀點是可以共存的，談不上哪一種觀點絕對、唯一正確，只不過需要仔細區分不同觀點背後存在的不同分析視角和學術起點。

四、問：你在書中引用了商鞅的《商君書》，裡面有大量弱民、貧民、辱民、控民的手段，你認為這裡的「民」可能是指豪民或經濟和政治上占據壟斷地位的不軌之民。但是，對皇帝而言，財政就是操縱所有民眾最好的工具，歷代詩文中，因為民眾負擔過重導致民不聊生、家破人亡的記錄比比皆是。但從家財帝國的邏輯來看，這似乎又是「合理」的，因為「溥天之下，莫非王土；率土之濱，莫非王臣」，君主讓你富，你才能富，君主剝奪民眾財產，似乎也「順理成章」，因為土地及其上面的人和物都屬於君主的私產和依附。那麼，「王侯將相，寧有種乎」就是合理的質疑和反抗。秦代以後的兩千多年不斷陷入治亂迴圈，與這種君主視天下為家財的觀念有什麼關係？

答：你這個問題中包含了許多內容，我嘗試分解開來一一回答。

（1）怎麼評價《商君書》？我在書中說，《商君書》為正在形成中的帝國做了奠基。今天的中國正在走向現代國家，所以今人對於帝國以及其中包含的專制性總是給予最強烈的譴責，以至於連帶著對《商君書》的評價也極低。他們的譴責和評價當然有道理，但我個人覺得這只反映了一個側面的情況。就像黑格爾在《法哲學原理》中說的，對於像有機體一樣不斷生長的國家，「挑毛病要比把握肯定的東西來得容易」。帝國是歷史發展的一個階段，它當然具有專制這樣的缺點，但一方面要看到它在歷史特定階段的積極意義，另一方面要用發展的眼光來看待它的缺點。打個比方說，三、四歲的小孩自然是幼稚的，但我們不會去批評他；到他十三、四歲時，我們可能就會提醒這個孩子要注意各種複雜情況，不要太幼稚；到他三、四十歲時，如果再表現出幼稚行為，我們就會嚴厲地批評。在今天現代國家，如果再表現出帝國時期的專制行為或者你說的視天下為家財，那就犯了時代錯誤了。《商君書》當然包含了有利於君主專制的內容，但在今天嚴厲譴責它似乎也沒有必要，而要注意吸取它包含的合理內容或者借助於它提出的問題來思考現狀。比如說你提到的「弱民」問題，我們今天當然已經無法追問商鞅用這個詞到底是什麼意思。在我的猜測中，普通老百姓已經夠弱了，所以弱民應該主要針對的是豪民。商鞅建議的弱民手段可能今天根本不能用，但他涉及的問題在今天仍是有意義的，那就是如何防範社會勢力的失衡。翻開十九世紀美國進步主義運動時期的報紙，看看其中譴責洛克菲勒為代表的「強盜資本主義」、要求改革政治與稅收制度以斬斷官商勾結、抑制財富積累的聲音，恐怕與商鞅的弱民建議仍有契合之處。

（2）怎麼評價家財型財政？說到底，帝國制度也好，帝國家財型財政也好，都是人構建出來用以幫助生存的工具。指出在家財型財政中君主利用財政工具來剝奪民眾，這樣的觀點當然是對的，但仍遠遠不夠。相對於城邦時代那種在各級領主所有、村社共耕基礎上形成的財政制度而言，在君主法理上擁有天下土地產權、各小農家庭擁有實際使用權並分散耕作的基礎上形成的家財型財政，對外能集中資源有效應對外來入侵，對內能發揮小農家庭生產積極性而實現效率。我在書中還分析了帝國家財型財政制度的其他優點：君主擁有對天下土地的產權，承擔了今天主權一定程度的功能，保證了中華共同體的完整，為維持長期的統一與和平奠定了基礎；君權是所有權與統治權的合一，君主為了自身利益而承擔起管理的責任（有點像私人企業中所有者與管理者合一表現出來的情況），這也是霍布斯（Thomas Hobbes）在《利維坦》（*Leviathan*）中主張透過社會契約形成專制君主的原因；還有像黃宗羲總結的「天下為主君為客」，藉由王朝的崩潰和君主的更換，來讓帝國生命延續等。

（3）怎麼看待治亂迴圈與家財型財政的關係？中國歷史上的治亂迴圈是一個很大的題目，我可能並沒有能力給予很好的回答。我想嘗試表達兩個原則性的意見：一個是沒有千年不壞的制度，也沒有一勞永逸的方案能用來避免治亂迴圈，就算當今的現代國家制度，按照歷史辯證法的說法，其內部也包含著不可克服的矛盾，這樣的矛盾推動著國家制度不斷向前發展，並最終導致它的滅亡；另一個是前面說到的，王朝的崩潰與新生，固然帶來生命與財富的損失，但從長時段來看，它也是人類不斷吸取經驗、更新制度並最終實現向前發展的必經過程。至於這樣的家財型財政與治亂迴圈的關係，我想至少有這麼幾個方面：家財型財政的運行乃至整個帝國的運轉，高度依賴於君主以及官僚，而君主與官僚兼具公共性與私人性，一旦私人性壓倒公共性，這樣的財政就難以繼續運行，在財政上的表現就是皇帝濫用開支和官僚兼併土地而不上繳田賦，於是收支發生危機，可能引起財政乃至王朝的崩潰；家財型財政收入的主體是田賦，這樣的財政收入很難充分有彈性地增長，一旦遇到過大的外來壓力而又不能順利地轉向從工商業獲取收入，就會引起財政的危機與王朝的崩潰。

五、問：在你看來，管仲學派重視商業，主張用商業手段實現「利出一孔」，比商鞅用強制手段明顯緩和一些。但是，管仲主張的是國家統制經濟，所謂「利出一孔」實際上是說，天下所有的好處，天底下所有的利益，都要從權力這個孔出來，由皇帝來賜予。這無疑導致了皇權決定一切，而商業也只是國家獲取稅收的一個管道，僅此而已。事實上，秦代以後的君主既抑制了民營商業，又做到了利出一孔，而同時代的西方國家並沒有出現這種情況，為什麼？

答：「利出一孔」問題是我們財政史中長期討論的話題。對於這個話題，我們可能要區分兩個方面：（1）原文意思的還原，即在《商君書》和《管子》中「利出一孔」到底在說什麼；（2）後人的理解，有時候後人的理解未必準確反映前人的意思，但卻在歷史上廣泛流傳並發揮了極其重要的作用。

在《商君書農戰》中關於「利出一孔」是這樣說的：「民見上利之從一空（即『孔』）出也，則作一；作一，則民不偷營；民不偷營，則多力；多力，則國強。」此處「利出一孔」的意思是，民眾只能從從事農戰中獲利，這樣國家既有糧食又有作戰勇敢的戰士。在《管子．國蓄》中是這樣說的：「利出於一孔者，其國無敵；出二孔者，其兵半詘（意思是半數軍隊力盡不能戰）；出三孔者，不可以舉兵；出四孔者，其國必亡。」這裡說的意思是，在戰爭期間只能從一個來源接受命令並獲得利益。這兩種說法實際上指的都是戰時行為，即與國外作戰要集中所有的資源來贏得國家的生存競爭，我想這跟今天在戰時對人員、資源、物價等實行管制的意思差不多。在原文中，至少我沒讀出他們要求和平時期也這麼做，這兩本書的作者更不會去設想要在後來兩千多年帝國中都採用這個策略。

後人對帝國時期「利出一孔」的理解，我想既有真實的成分也有誤解的地方。真實的地方在於，帝國財政本來就是圍繞所有權與管理權合一的君權而建立起來的，在法理上天子富有四海，君主毫不含糊地擁有對所有土地與財富的所有權，其他人能夠耕作土地、擁有財富，莫不出於君恩，君主的徵稅權至少在理論上並沒有約束。這就很容易讓一部分人設想甚至建議你所說的國家統制經濟制度或措施。誤解的地方在於，在現實財政運行中，土地及財富除了部分地由君主支配（即皇莊）外，絕大多數仍由民眾占有並可以使用、轉讓，雖然君主有權進行調整甚至剝奪，但出於效率與成本考慮，民眾對土地的占有權或使用權在現實中是不斷鞏固的。此外，在帝國國家治理的理念與行為上，也一直有強大的聲音要求君主「不與民爭利」，這樣的要求雖說並不能時時刻刻地約束財政盤剝行為，但肯定也不是毫無作用的。君主依照法理偶爾嘗試實行利出一孔，與現實中因技術原因和遭受反對而難以真正做到利出一孔，構成了推動帝國財政發展的一對矛盾。

與之相比，中世紀西歐的情況有所不同。由於封建社會中多元司法競爭體系的存在，任何人在權利受到侵犯而又得不到自己領主法庭的保護時，都可以向領主的上級領主直至向王室法庭申訴，甚至可以藉口世俗法庭審判的缺陷而尋求教會法庭的幫助，這樣封建各主體的產權確實在一定程度上能夠得到保護。特別是居住在城市中的商人，由於城市集體向領主、特別是國王贖買了自治權，加上城市法庭的保護，人身與財產權能得到相對好的保護。這也是西歐十二世紀開始商業復興的基礎，以及英國這樣的國家率先走向現代的原因之一。不過，對於中世紀西方商人的產權保護也不能估計過高，一方面並不是所有的西方國家都是如此，也不是一直如此，另一方面專制的國王與貴族破壞商人權利與商業活動仍是頻繁發生的。直到十六世紀以後，像英國這樣的國家才率先走出了新路，其他西方國家因生存競爭的需要，藉由模仿才走上這條道路。

六、問：在本書中，你有一個判定，即中華帝國保持了較好的治理業績與長期發展能力。但是，中國政法大學教授叢日雲認為：「在歷史上大部分時期，西方文明的發展水準都高於中國。此後（指夏代之後）四千年中，大約有二千多年西方文明的發展水準高於中國，一千多年中國的發展水準高於西方。中國高於西方的時期，主要是西方歷史上的兩個『黑暗時代』（Dark Ages），即西元前十二到前八世紀、西元五到十世紀或再往後一點。但這兩個時期都是蠻族入侵，打斷了西方文明的正常發展進程以至出現大倒退的時期。」此外，李稻葵團隊研究顯示，中國在北宋時期人民的生活水準領先世界，但在元大德四年（1300）之前已經落後於義大利，明朝建文二年（1400）前後被英國超越，清乾隆十五年（1750）之前，雖然中國部分地區和歐洲最富裕地區的生活水準相距不遠，但中國整體已經落後於西歐，原因是人口增長速度超過資本、土地的積累速度，導致勞動生產率不斷降低。另外，中國自秦代以後，每個朝代長的只有三、四百年，短的就不用說，加上每次改朝換代之後大規模的人口死亡，這樣的治理業績似乎談不上「較好」。對此，你怎麼看？

答：你這個問題涉及我們比較歷史分析中的最大難題，那就是如何尋找比較的基準點，選擇的指標、時間、地點、範圍的不同，結果差異也就很大。說十九世紀開始中國落後於西方，這一結論大致是公認的；但對十九世紀之前的中西進行比較，分歧非常大。你提到了叢日雲、李稻葵兩位老師的結論，彭慕蘭（Kenneth Pomeranz）在《大分流》（*The Great Divergence*）、法蘭克（Andre Gunder Frank）在《白銀資本》（*ReOrient*）等著作中卻有不同的結論。我自己沒有做過中西方比較的專門研究，就我看到的學術文獻來說，似乎有更多中國學者認為十九世紀之前中國早就開始落後於西方，而西方學者多半肯定古代中國的成就超過西方。我想，只要是誠實地使用資料並進行認真的系統研究，即使由不同基準點選擇帶來了不同的比較結果，我們也不必把其中一種看作唯一正確的真理而排斥其他看法。在我想來，這些結果在一定程度上可以共存，共同構成我們對於歷史的認識。就像盲人摸象一樣，重要的是對於大象的多種描述可以共存，並共同構成大象的形象。

正像我前面說的，在本書中我多半是從政治學視角出發進行探討。我理解的政治學，就像霍布斯在《利維坦》中強調的，追求的首要目標是實現秩序。在中華帝國兩千年歷史中，除了魏晉南北朝時期，帝國秩序和內部和平基本得以維持；即使王朝崩潰，也能很快恢復統一秩序。這是我判斷帝國治理能力的一個主要標準。我想，如果拿整個歐洲與中國相比（我覺得這樣比較才公平），那麼歐洲的帝國秩序與內部和平，自羅馬帝國崩潰後，幾乎不能維持一百年時間（唯一的例外來自一八一五年巴黎和會之後到第一次世界大戰爆發之前的百年和平）。另外，中華帝國內部的財政運行（收入上繳和支出撥付）在王朝穩定期也一直比較順利，有效地支持國家職能的發揮。有一個細節可以說明一定的問題，那就是明代中期有葡萄牙水手到中國，發現中國的司法秩序太優良了，有原告，有被告，有證人，縣官審案之後還有層層覆核機制，比起他的家鄉當時還廣泛流行的神明裁判、決鬥裁判要文明得多、理性得多。

當然，不同學者選取不同標準來進行比較，似乎總能找到支持自己的論據。像你說的「每次改朝換代之後大規模的人口死亡」，固然可以說明中國在王朝統治末期治理能力的問題。但如果比較於一六一八到一六四八德國的三十年戰爭，為了中國人看來莫名其妙的宗教原因，死亡三分之一人口（男人死亡比例更高），就不能說同時期明清王朝的更替情況差到哪兒去了。當然，我在這裡並不是說我的比較就一定公平，因為還有很多複雜的情況需要考慮。

七、問：中國的商代和西周都屬於城邦國家，實行的是封建制，這種封建制與西方的封建制很相似。但是，中國秦代以後變成了郡縣制，而西方的封建制實施了很長時間，在絕對君主制時代雖有削弱，但基本形態仍然保留。路易十六就是因為教士和貴族階層不同意加稅而被迫召開三級會議，結果引發了法國大革命。從一六四八年《西發里亞和約》以後的情況來看，封建制更有利於現代國家的形成，而中國的現代化道路卻曲折坎坷。你怎麼看這種差異？

答：你這個問題中至少包含了兩個學術方面的問題。

第一個問題是關於封建制的名稱。這個問題已有很多學者進行過討論，我沒有做過專門的研究。根據自己閱讀得來的大致印象是：首先最初用周代「封建制」這一名稱來翻譯中世紀西方的feudalism，起因是政治結構的相似，二者都呈現出封君封臣關係；後來是為了套用蘇聯傳來的社會五階段發展理論，而把中國自戰國至清代這一歷史階段也稱為封建社會，雖然此時的中國已用郡縣制代替了封建制；再到後來，有學者建議不再使用封建社會這同一個名稱，分別指稱從戰國至清代的中國以及中世紀的西方，但也有學者從二者都屬於地主所有制與土地租佃關係這一經濟性質，而堅持使用同一個名稱——「封建社會」。我個人傾向於不用「封建社會」這一名稱來指稱從戰國到清代這一歷史時期。

第二個問題是何種力量或者何種制度結構，有利於現代國家的形成。這是一個非常大的問題，也是無數學者嘗試解答的問題，為此誕生了太多的經典著作。此處我只能簡單回答說，從現代國家權力運行看，有效性與有限性二者缺一不可。存在貴族階層的封建制在約束國王權力以形成權力有限性方面固然有作用，但它同時也破壞了權力的有效性。從英國、法國走向現代國家的進程看，亨利八世、路易十四分別實行的削弱貴族力量、集權於國王，以至於形成我們今天所說的絕對君主制，是這兩個國家走向現代必不可少的階段。

所以，我個人認為，不能簡單地說貴族階層或者說封建制有利於現代國家的形成。就英國的貴族來說，它之所以成為推動英國率先走向現代的力量，不是因為它能分割國王權力，而是因為它率先走向了商品化，並與城市市民力量融合，變得不像傳統貴族甚至可以說不是貴族了。正如巴林頓·摩爾（Barrington Moore Jr.）說的：「英國有利於自由事業的土地貴族和城市上層階級聯盟，對多數國家而言，是一種獨一無二的現象。從更宏觀的視野來看，這在人類歷史上恐怕只能發生一次。」摩爾的意思是，貴族或者封建制有利於現代國家形成是特例，不具有普遍性。當然，話又說回來，人類社會的進步，總要依賴於某個特例率先突破，然後其他後來者不斷模仿與超越，才能實現整體的進步。從這個角度來說，斷言中國現代化道路艱難曲折，帶有我們中國人自己恨鐵不成鋼的焦慮情緒，但從全球角度看，我們不見得有那麼艱難曲折。

八、問：在帝國時代（郡縣制），無論稅柄是稅人還是稅地或稅商，統治者總是處於絕對優勢地位，承擔稅務的民眾除了充當輸血者之外，能夠得到的福利極少（近似於無），這種權責不對應的狀況，與城邦制（封建制）相比是否更嚴重？

答：在我看來，政治制度是人類為了自己的生存繁榮而進行的偉大創造，財政制度是政治制度中的核心，其背後是公共權力。因此，公共性一開始就是各種稅柄的根本特徵，只不過在國家的不同發展階段，公共性表現程度不同而已。尤其在傳統國家，由於公共權力與君主人身結合在一起，君主的私人性可能會壓倒公共性，但無論制度建構還是君主個人都從未否認過其中的公共性。比如我書中引用的《商君書》的言論：「故堯、舜之位天下也，非私天下之利也，為天下位天下也。故三王以義親，五霸以法正諸侯，皆非私天下之利也，為天下治天下。」在書中我引用的《管子》、《慎子》、《呂氏春秋》，都有類似的文本內容。單就財政的公共性來說，主要表現為承擔至少三個職能：保護安全、發展經濟、提供福利。在傳統國家，保護安全是最為重要的職能，而發展經濟和提供福利則主要是現代國家的職能。

回到你的問題。中國在帝國時期，財政提供的福利確實極少，不過多還是少都是相對而言的。這裡說「少」，是與現代國家或者跟理想狀態相比較而言的。帝國財政提供的福利，跟城邦時代相比，肯定不算少的，因為城邦時代的國家既沒有財力也沒有管道直接統治到個人，不可能為個人提供什麼福利。其實，中華帝國時期與同時期西歐相比，福利方面也要進步得多。一方面，從理念來說，帝國時期的福利提供被認為是君主作為大家長的責任，我書中引用的桑弘羊的話「使百姓咸足於衣食，無乏困之憂」是那時財政的理念，當然能不能做到那是另一回事；而在中世紀西歐，國王對於人民的福利或窮人的狀況並無責任，救濟窮人只是彰顯國王美德的一種方式，甚至很多時候認為窮人的狀況是上帝對他們的懲罰。另一方面，從制度來說，中華帝國時期再分配性質的財政支出還是比較突出的，在時間上（糧食收穫與青黃不接、豐收年份與歉收年份）、空間內（災害地區與正常地區、財富集中地區與貧窮地區）、階層間（特別體現為對窮人、老人、鰥寡孤獨的照顧等），財政支出都在承擔福利責任，此外財政還在學校制度、荒政措施等方面有比較多的支出。雖然比起現代國家、比起理想標準來，民眾能得到的福利還差得很遠，而且不同朝代、不同時期也不一樣，但是比起同時期其他帝國，比一六〇一年英國的《濟貧法》來說，中華帝國政府履行的福利責任不僅並不差，而且應該說可能更好。

九、問：從歷史上看，除了極少數朝代，中國的絕大多數君主都重農抑商，因為以農為本的帝國便於專制統治，而商人和商業因其流動性，控制起來更難。少數朝代的統治者重視商業，那也是因為財政壓力之下不得已而為之，並且中國始終沒有建立起有效的私人財產保護制度。這幾乎決定了資本主義不可能會在中國產生，工業革命不可能在中國發生，你怎麼看？

答：這又是一個非常宏大的歷史命題，恐怕我沒有能力給出很好的答案，只能基於自己的閱讀與思考勉強做一點回應。

首先，我想在面對生存風險與未來的不確定時，人類總是分散地尋找更優良的制度來加以應對。有的民族率先找到成功的制度，其他民族跟著模仿，這樣人類才能獲得最大的生存可能。那個首先成功的民族，當然有某些必然性因素，但恐怕也有很多偶然性的因素。因此，不能說成功的民族就是天選之子，或者具有某種文化的甚至種族的基因優勢。我們過去解釋西方的成功，總覺得它是內因驅動的，有其必然性。但維克多・伯克（Victor Burke）在《文明的衝突》（*The Clash of Civilizations*）一書中告訴我們，西方的成功來自諸種外來文明不斷衝擊塑造而成，具有偶然性，至少不像我們想像的那樣具有必然性。在《強制、資本和歐洲國家》（*Coercion, Capital, and European States, AD 990–1992*）一書中，查爾斯・蒂利（Charles Tilly）告訴我們，歐洲實際上有三類國家：第一類國家，有強制力量的不斷積累並集中，但沒有資本的集中（像俄國）；第二類國家，有資本的不斷積累與集中，但沒有強制力量的集中（像義大利城邦）；第三類國家，強制力量與資本都有所積累，但沒有前兩類國家那樣集中（像英國）。到最後，第一類與第二類國家都沒有成為現代國家，只有第三類國家才成功轉型。在這其中有很多偶然的因素，但不妨礙未成功的國家向成功的國家學習。

其次，在人類社會的進步過程中，不同國家的發展呈現出此起彼伏，暫時的領先不能說明有先天的優勢，甚至一個階段的不成功反而可能是下一個階段率先成功的原因，即惡因可能帶來善果。打個比方說，就像一個在十三、四歲就喪父的男孩，可能會先於同齡人變成一個成熟的男子漢。就成熟作為人生的內在目的而言，這個人變成熟當然是好事，但不能倒過去說少年喪父是好事。在我個人看來，西方特別是英國之所以率先實現工業革命與現代國家，正是它未能成功構建帝國的後果。就率先構造出現代國家而言當然是好事，但不能倒過去說它未能成功構建帝國、不能維持和平與秩序是好事。

最後，就私人財產權保護對工業革命、現代國家建設而言，確實是極為重要的。事實上，在我看來，在財政上走出帝國走向現代國家的核心，就是構建成功的私人財產權制度，實現工商業經濟的發展，如此才有現代稅收與預算制度的基礎。這樣的關係在西方的成功經驗和中國曾經的失敗教訓中，已經顯示得非常清楚明白，對此認真學習和模仿先行者是我們走向現代國家的應有之義。

十、問：秦暉教授在《傳統十論》中揭示過一個中國經濟史上的怪圈：「不抑兼併」導致權貴私家勢力惡性膨脹，「抑兼併」導致朝廷「汲取」能力惡性擴張，於是朝廷輪番用藥，在「抑兼併」與「不抑兼併」的交替迴圈中陷入「管死放亂」的怪圈，直至危機日重而終於崩潰。本書中描述的北宋末年王安石的新黨與司馬光的舊黨幾度易位即是如此。秦暉教授認為，問題的關鍵在於，中國歷史上的兼併在本質上不是經濟行為而是權力行為，過程的公正才是核心。從財政學角度，你怎麼看這一怪圈？

答：我想從財政學角度看，對於兼併，「抑」還是「不抑」，至少可以從以下三個方面來思考。

第一，單純就財政而言，兼併或不兼併本來並無影響。從春秋戰國開始，我們財政的理想就是「履畝而稅」或者說「據地出稅」，根據土地面積（區分等級）來繳納田賦。至於田賦是由張三、李四等許許多多自耕農分散繳納，還是由某個兼併了大量土地的王員外集中繳納，對財政來說並無區別。帝國時期土地兼併之所以會影響財政，無非有兩個原因。一個原因是在唐中期兩稅法之前，由於國家先設法授田再實行稅人（收人頭稅或丁稅），如果田地被兼併，農民就無法負擔人頭稅或丁稅，國家財政收入就收不上來。另一個原因是，兼併土地的地主，往往擁有制度內和制度外的特權，自己兼併進來的土地常常並不按照稅法真實繳納田賦，這樣國家的正式田賦不能應收盡收，沒有負擔能力的小民就可能要多承擔兼併地主設法逃掉的賦稅。因此，秦暉老師說得對，兼併本質上不是經濟問題而是政治問題，是掌握特權的官僚影響了過程的公正、破壞了財政的制度。這一點正如你所說，王安石與司馬光都有認識。

第二，人口過剩問題將因土地兼併而顯現。在帝國時代，隨著和平日久，人口會迅速增長。如果是自耕農的話，增加的人口將會被自家土地上的過度就業所掩蓋，不會暴露出人口過剩問題，暫時也不會有流民問題。就像當年的「上山下鄉」，可以用農村土地上的過度就業來掩蓋城市中的嚴重失業。可如果一旦土地被兼併，過剩的勞動力就有可能失去在土地上耕作的機會。由此產生的失業農民甚至流民問題，並不是兼併帶來的，它本來就在，只不過被兼併行為暴露出來而已。說實話，在農業經濟時代，這樣的人口增長帶來的過剩危機幾乎是無解的，直到十八到十九世紀的馬爾薩斯（Malthus）也只能建議用節欲等消極措施，甚至瘟疫、戰爭等殘酷手段來解決。

第三，抑制兼併這樣的做法在今天有沒有意義？我想在高度肯定私人財產權的現代國家，帝國時期提倡的抑制兼併仍有一定的啟發意義。一個就是我們熟悉的反壟斷問題，也就是說兼併不能以破壞市場競爭為目的，否則就要用反壟斷立法來加以約束；另一個是，兼併者或者說大資本不能運用金錢力量去腐蝕選舉、控制公共權力，對官商勾結的行為一定要嚴厲打擊。

十一、問：你曾在《家財帝國及其現代轉型》中歸納過中華帝國三個階段資源汲取機制的差別：第一帝國（秦漢），「舍地而稅人，財政上以人頭稅為主要財政收入」；第二帝國（唐宋），「向履畝而稅過渡，工商業收入逐漸重要，力役處於制度化消滅過程中」；第三帝國（明清），「確立以履畝而稅的田賦為正宗財政收入，力役在制度上逐漸消失」。如果從政治學角度看，從「百代皆行秦政制」，而且這種政制在明清兩代達到了最高峰。那麼，財政的轉變與秦政制的強化之間，存在著怎樣的對應關係？

答：我想這個問題有兩個方面，而你問的是這兩個方面是否有對應關係。第一個方面是秦制到明清兩代達到最高峰，或者有人說專制達到了最高程度。對此我的看法是，從一般原則來說，國家有效治理的關鍵，是圍繞公共權力建立並完善政治制度，避免權力為各級官吏所私用。而在帝國，由所有權與統治權合一的君權，代行的是共同體的公共權力，這樣的制度可以依靠君主對自身地位的重視來實現公共權力的獨立性與至上性，以君主對個人利益的理性追求來保障共同體整體利益，和實現理性化的權力運行。因此，在帝國時代，君主不斷地把官僚私用的權力集中到自己手中，這看起來是君主藉由集權而實現專制，但代表的卻是權力不斷理性化的過程。中國自戰國發展至明代的帝國，就遵循著權力理性化的進程。在明初，朱元璋廢除了宰相制度，親攬政務，六部直接向皇帝負責，這既是君主集權也是權力理性化的反映。當然，當皇帝將幾乎一切權力都集中在自己手上時，政權也就真正成為皇帝一家一姓的私有物，各級官僚行使的全是源於君主的制度化授權。專制發展到最高峰，實際上也就為藉由廢除君主制以走出帝國奠定了基礎。這是歷史的辯證法。

第二個方面是關於財政收入形式的變化。這個變化主要還是源於歷史慣性和徵管技術的變化，當然還有對歷史教訓的一再吸取。按照我的理解，帝國這種國家類型以土地為自己的支撐點，「履畝而稅」才是它的正統收入形式。但在第一帝國時期，由於城邦時代稅人的慣性，以及「履畝而稅」存在的技術與管理難題，面對土地管理的困難和人口集中化居住的現實，稅人總是方便的。於是漢初先對人授地（除軍功授田外，大體按一夫授田百畝進行）再對人徵稅，是用曲折的稅人形式達到實質的稅地目的。事實上直到唐初的均田制，都是如此。但這樣的做法產生的最大問題，就是前面說過的，一旦農民的土地被兼併，失地農民就無力負擔人頭稅，於是財政就要破產。兩稅法的施行使得帝國在制度上真正建立起「履畝而稅」，自此之後按道理稅人性質的力役就不該出現。但在宋明兩代又興起針對有資產人戶的差役、在清初出現代替力役的丁銀。這既說明帝國政府在用管理方便的力役形式補充收入的不足，更說明帝國徵稅權並無可靠的控制。

至於這兩個方面是否有對應關係。我想從前面說過的權力的有效性和有限性兩方面來看，是有很強的對應關係的。從有效性來看，隨著專制的加深，君主行使權力的有效性增強，這才有契合帝國內在本性的稅地制度（履畝而稅）的不斷貫徹和實現。從現代國家這一發展目的而言，這種權力有效性的加強並不全然是壞事。從有限性而言，稅人（此處主要表現為力役）在制度上一再被消滅卻又在現實中不斷出現，充分說明在帝國時期國家的徵稅權力根本無法有效約束。當然，這也是人類社會必須走出帝國的內在原因。

十二、問：本書揭示了一個王朝規律：帝國改朝換代初期，因為戰爭導致人口大幅減少，在地廣人稀的情況下，財政可以正常運行。等到人口迅速增長，官僚也逐漸增多，然後會出現財政問題，於是開始土地／財政改革，如果改革成功，帝國就能正常運行；如果改革失敗，帝國就走向衰落，如此往復迴圈。為什麼會出現這種現象？

答：這個問題也是一個大問題，涉及對中國古代王朝更替的內在原因的探究。我只能就我的研究，勉強做一點回答。

我在書中揭示帝國財政中存在三大悖論，而所謂的悖論就是正反兩個命題都成立。這三個悖論的存在，說明在帝國制度框架內解決治亂迴圈是沒有出路的，必須走出帝國。這三個悖論如下。

第一個悖論，官僚階層既支撐帝國又損害帝國。帝國依靠官僚來治理廣土眾民，官僚階層是支撐和運轉財政制度的主體力量。但是，官僚階層同時又是削弱帝國財政基礎的主要力量；前面說過，官僚階層在兼併土地後少承擔甚至不承擔田賦負擔，導致國家能夠收取的田賦越來越少，最終損害帝國的財政基礎。

第二個悖論，非正式收入體系既保障正式收入體系又損傷正式收入的基礎。帝國時期正式收入體系之所以能夠存在並運轉，是因為有大量的非正式收入在提供保障。非正式收入產生於公務的需要，其中作為陋規的收取也有一定的慣例和規則。但是非正式收入體系的存在，又為官僚大肆貪污提供了機會並敗壞了社會的風氣，尤其是非正式收入體系可能會榨乾民眾的經濟剩餘，以至人民無力承擔正式收入。

第三個悖論，工商業經濟發展既依賴特權又受損於特權。帝國時期、尤其明清兩代的財政收入重在稅地，工商業經濟並非帝國財政的收入基礎，因此國家對商人的人身和產權的保護、對市場規則與中間組織的建設，就嚴重不足。在現實中活動的商人，要從事大規模的商品交易或遠端、跨期交易，就必須依託於特權階層的保護，不然就只能像皇商或官商那樣自己就是權力擁有者。如此，工商業經濟確實也有所發展。但是，特權階層出於私人利益所提供的庇護，往往也會因私利而撤銷，或者為了攫取短期商業利益而破壞長期發展的潛力。特權階層自己舉辦的工商業，更是常靠操縱或破壞市場規則來獲利，損害工商業長期發展的基礎。

這三個悖論的存在，使得在明君賢臣能大致有效地運轉國家制度、正式收入正常並能有效控制非正式收入、特權尚能發展工商業經濟之時，王朝就顯示出「興」的一面；而情況相反時，王朝就顯示出「亂」的一面。再加上前面說過的人口過剩等危機，這些問題在帝國時期並無可靠的解決辦法，只能依靠王朝的崩潰與新建來緩解。當然，從另一個方面來說，我們也要從王朝迴圈中看到帝國制度本身的成長，以及向下一個國家階段過渡的必要。就是說，財政悖論在帝國階段是沒有辦法消除的，必須實行國家向現代國家的升級。

那麼現代國家是怎麼消除帝國時期的財政悖論的呢？第一是用民主制度來摒棄特權，約束官僚階層的行為，這樣的官僚階層只能為民眾服務，不能利用權力積累財富，不能去破壞工商業經濟活動；第二是放棄非正式收入體系，一切收入經由法定稅收來籌集，收費被降至最小的程度且同樣被納入法治的軌道；第三是工商業發展依靠法律和政治制度的保護而不是特權。如果有國家還不能克服這三個悖論帶來的問題，比如像官員憑藉權力致富、非正式收入龐大而不確定、重要的工商業從業者不得不依靠特權庇護，那就說明它尚未成為真正的現代國家。

不過，要補充的是，並不是說國家發展到了現代國家就萬事大吉能長治久安了。現代國家自身也存在著悖論，前面已經說過這一點，此處僅舉一例。對資本而言，一方面勞動收入是成本因素，越低越好，在資本雇傭勞動時付出的工資越低，資本盈利就可以越多，生產也能就此擴大；另一方面，勞動收入又是消費的來源，越高越好，只有生產出來的產品被消費掉，生產才可以繼續並進而擴大，而勞動收入越高消費才會越旺盛。看到此處的悖論了嗎？勞動收入越低越好和勞動收入越高越好兩個相反的命題，在這裡同時成立。把這個悖論推到極端，假設有一天機器人全面代替現有的勞動者，那對資本來說勞動成本就降到了零，也就是最低，可此時勞動者全部失業、收入也為零，那機器人生產出來的產品又能賣給誰呢？現代經濟以及基於此的現代國家，在這裡也暴露出其最荒謬的一面。

十三、問：陳寅恪先生說：「華夏民族之文化，歷數千載之演進，造極於趙宋之世。」宋代皇帝有意與士大夫共治天下，並形成了文官政治，宋代的商品經濟也比較發達。從根本上說，這些都離不開財政作為基礎。你在書中認為，軍事失利是宋代滅亡的外在原因，財政崩潰是值得關注的內因，並認為財政崩潰的因素有四個：兩稅收入無法維持，商稅與禁榷收入無法增加，理財工具成為盤剝手段，額外徵斂竭澤而漁。這四個原因中，制度的因素更大還是經濟的因素更大？

答：首先，按照湯比先生在《歷史研究》（*A Study of History*）一書中的回答，野蠻戰勝文明是歷史的常態而不是變態，人類歷史上曾經繁榮過的文明，絕大部分都亡於野蠻人之手。所以對於宋王朝的滅亡，固然足以惋惜，但也不至於立即就斷定宋代制度從根子上就錯了，或者全盤都是錯誤。也許詢問另一個問題更公平一點：為什麼在橫掃歐亞的蒙古軍事力量打擊下，宋政權能生存那麼久？

其次，宋代的財政未能提供充足的收入讓國家渡過生存危機。這裡面既有經濟因素，那就是農業經濟時代哪怕富裕如南宋，也沒有充足的經濟資源供應長期的戰爭；也有制度方面的原因，像你引用的、我所總結的四個因素，當然還跟帝國時期的根本痼疾有關，即前面說過的，稅負不能落在真正有能力的人身上，以至於普通小民負擔已經極重，而豪紳地主卻負擔極少，財政徵收上再加強也未必能增加多少，即使收得到，也會更加讓普通民眾跟政權離心離德。

最後，宋代在國家危急時刻的財政應對，在今天看來仍有許多值得我們注意或者借鑑的地方。我在書中專門寫了一章浙東學派對當時財政危機的看法。就後世的眼光看，浙東學派的思想具有高度的現代性，特別是對功利的追求與對工商業的肯定，是後來中國走向現代國家的寶貴經驗和先行預告，甚至溫州地區率先在改革開放後的中國興起也與此有關。當然，南宋政府濫發紙幣帶來民眾對國家信任度的下降、賈似道回買公田想用實物資產來挽救帝國命運的失敗，都值得我們今天在財政上反覆思考。

十四、問：孔子說「君子喻於義，小人喻於利」，孟子說「仁義而已矣，何必曰利」，董仲舒說「正其誼不謀其利，明其道不計其功」，將義利對立，在道德上固然有高尚的一面，但不免流於空疏並製造偽君子，而且很容易被用來助紂為虐——因為大家都恥於言利，安於現狀，統治者剝削民眾就更加心安理得；一旦大家都競相爭利，對統治者的壓榨就更敏感。宋代浙東學派倡言功利，將義利合一，與西方的新教改革異曲同工。但如你所說，在過去的帝國發展史中，統治者有一個基本共識，既不能使百姓太富裕也不能使百姓太貧窮，兩種極端情況都會危及他們的統治地位。那麼，這是否也是浙東學派的思想不為統治者所用的主要原因？

答：首先，你說的情況肯定存在，但還要看到另一面。統治者為了鞏固自己的統治地位，確實不願意百姓太富裕或者在百姓中出現突出的強者。在中外歷史上，都出現過類似的統治術教育，柏拉圖和馬基維利都教導過君主要千方百計地削弱民眾中的強者。不過要看到，帝國君主實際上是兼有公共性與私人性的，削弱百姓中的強者或者不讓他們利用工商業致富，也有那個時代公共性的一面，那就是工商業資源屬於流動性資源，它可能會衝擊現有的秩序，富裕的工商業者可能會帶來社會勢力的失衡，工商業活動會跟農業活動競爭人力資源等。在我討論《鹽鐵論》的那一章裡，這些內容反映得比較充分。

其次，要看到仇視商業活動、否定利益並非古代中國獨有的特徵，在世界其他民族的傳統階段都有。海耶克（Friedrich Hayek）在《不要命的自負》（*The Fatal Conceit*）一書中就討論過，為什麼人們會仇視商業、鄙視利益？他的解釋主要是，我們個人成長於家庭這樣的小團體，而人類成長於原始部落這樣的小群體，在小團體、小群體中成長起來的人，對於利他主義的行為和休戚與共的情感就有天然的親近，而對在大範圍秩序中運用的商務邏輯會本能地仇視或鄙視。就是說，人把在小團體中適用的規則（不講利益、沒有交易）跟大範圍秩序中該用的規則（講究利益、交易合作）搞混了，才出現對利益的鄙視。新教改革對利益原則的肯定，既是西方部分地區在此時逐漸進入現代的一個表徵，又是推動這些地區走向現代的精神力量。同樣的，浙東學派的興起以及對功利原則的肯定，反映了國家危亡急需拯救，也反映了南宋疆域集中於工商業比較發達的江南地區的情況。到了明清兩代，沒有再遇到宋代那樣的危機局面，其疆域廣大並以農耕為主，因此浙東學派思想不再為統治者所用，恐怕正反映了這一現實。

最後，要看到發展經濟並不是帝國時期財政的職能。現代國家把經濟發展作為不言而喻的財政職能，就像丹尼爾·貝爾（Daniel Bell）在《資本主義文化矛盾》（*The cultural contradictions of capitalism*）中說的，經濟增長已經成為「發展中工業化社會的世俗宗教」和「西方工業化社會的一個重要信條」，「是個人動機的源泉，政治團結的基礎，動員社會以實現一個共同目標的根據」。不過在帝國時期，財政的主要職能還是維護內外安全。在這個意義上，我們才能理解孔子說「不患寡患不均」是什麼意思。特別是，正如我在書中所說的，明初朱元璋鑑於宋、元的教訓，知道帝國財政建立在稅商基礎上可能會過分掠奪民眾，於是重建稅地為自己的主要收入來源，甚至把透過稅地獲得的兩稅大致固定在每年兩千七百萬石糧食，以免財政盤剝民眾，由此誕生了歷史學家黃仁宇先生所命名的內向、保守的洪武型財政。在此前提下，財政上排斥浙東學派的功利原則也是應有之義。

十五、問：在秦代以降兩千多年的秦政制統治之下，老百姓作為納稅人承擔了義務，而沒有享受到基本的權利。書中引用了十九世紀德國財政學巨頭史坦恩（Lorenz von Stein）的觀點，認為稅收是僅存於自由公民組成的現代國家中的財政收入形式。除此之外，現代稅收還要符合同意、平等、直接、規範等理性特徵。近年來，包括李煒光、韋森等學者一直在呼籲稅收體制現代化，但效果不是特別理想。美國國會議員要將六十％的時間花費在審查政府的財政預算上。書中提到中國的人民代表大會和政治協商會議在財政中的作用，仍未達到制度設計的要求，全國人大代表鄧明義批評說，每年大會安排審議《預算報告》都形同虛設。我感覺，中國的財政制度現代化實際與國家制度現代化聯繫在一起，你怎麼看？

答：這個問題涉及中國走出帝國、建設包含財政制度在內的現代國家制度，問題非常宏大，值得眾多學者長期研究。我只能就自己研究的範圍給一些簡單的回答，不一定讓人滿意。

首先，就我閱讀和思考的範圍所及，如果一個國家幸運地擁有以下三個條件，那它走向現代國家就會比較順利：（1）底層民眾及組織的抗爭與努力，畢竟自己不爭取，權利永遠不會從天而落；（2）政府及領導人的開明和適時的讓步，沒有這樣的開明與讓步，一個國家就可能陷入政治僵局甚至動盪，痛失發展的機會；（3）有一個基本的談判協商機構存在，這樣就能有一個場所讓民眾與政府就相關問題交換意見，讓各種社會力量發表議論、提出要求，並和平地解決爭議和衝突。如果一個國家能具備這樣三個條件，成功地走向現代國家，那你所說的徵稅的同意與現代稅收的形式特徵就都能實現，而代議機構審查政府預算這樣的現代財政制度也自是必然。

其次，我個人覺得財稅問題是激發已有的代議機構運轉、推進包括財政制度在內的國家制度現代化的重要力量。這一稅收推動代議制發展的主題，曾經被熊彼得在《稅收國家的危機》（*The Crisis of the Tax State*）中特別強調，也被後來的學者概括為「財政社會契約命題」。從歷史上看，中世紀英國國王從來沒想過搞什麼民主制度，他們始終想要的是更大的支配權，只不過為了更多的稅收資金，不得不先向男爵們、後來向平民代表開放代議制，並交給代議機構更多的權力。事實上，在我國每年兩會期間討論最為熱烈的話題，始終是財稅話題。像你提到的李煒光、韋森等學者，以及一些作為個體活動的人大代表，也都是從財稅話題入手推動國家制度的現代化。

何俊志教授寫過一本書叫《制度等待利益》，他在書中的意思是，目前縣級人大作為直接選舉產生的代議制機構，運轉得並不好，未能達到制度的要求和民眾的期待，其中一個重要的原因是參與代議機構運作的群體，還沒有成熟的利益，尚未有真正的動力參與代議機構的運轉。我想，財稅問題牽涉每一個人的利益，因此從財稅問題入手、運用人們對自己利益的關心，讓基層代議機構運轉起來，應該是國家制度進一步現代化的可靠途徑。你在問題中說到的呼籲稅收體制現代化的效果不是特別理想，每年大會安排審議《預算報告》形同虛設，我想跟這裡說的代表自身以及所代表的群體的利益還不成熟、代議機構自身還需改革等，都密切聯繫在一起。

我個人設想過運用基層（縣、區）政府徵收和使用房產稅的機會，進一步啟動當前代議機構的運行。房產稅這麼一大筆錢，牽扯我們的心頭肉，畢竟購買商品時繳納的增值稅可以假裝看不見，而對房產稅無法視而不見。若要徵收和使用房產稅，我們就有動力要求代議機構的高度參與；只有真正能表達納稅人利益的代表，才有權決定如何使用我們繳上去的大筆稅錢。我個人贊成由基層政府徵收與使用房產稅，因為它有助於推動縣區基層人大真正運轉起來，並至少在以下兩個方面作出改革：（1）廢除目前的單位選區，真正按居住地原則劃分選區，以現居為原則確定選民，這樣決定房產稅使用的是真正的房產主人或租戶的代表，而目前單位選區的代表很多人房子並不在本區，他繳納的房產稅也不在本區使用，沒有利益匹配的投票權，只是廉價投票權；（2）改革目前一個選區產生多名人大代表的制度，把選區劃細，讓每個選區競爭性地按多數原則產生一名區縣人大代表，這樣房產業主才能知道誰代表自己的利益，代表也才能真正獲得人們的授權去表決房產稅的使用。

後記

感謝浙江人民出版社，把我在得到平臺上開設的《中華帝國財政三十講》課程的講稿，變成了現在這本小書。感謝得到公司的馬曉蓉女士和鹿宇明先生，正是在他們的精心錘鍊和大力幫助下，才有我講稿的成型。此次經得到公司授權，我將講稿改編成書，需要感謝他們當年的貢獻。當然，還需要感謝所有在得到平臺上選修我課程的同學，特別是那些精心留言和向我提問的同學，他們的思考內容與所提問題，有不少被我吸收並體現在這本修改後的書稿中。這本小書最終成書雖然只署我一人的姓名，但功勞屬於所有的參與者。羅振宇老師曾經跟我解釋，他為什麼邀請我在得到平臺上開一門財政史的課程，雖然明知道財政史課程的受眾不會太大。那是因為他在讀我的《中國財政十六講》教材時，常有一種顛覆的感覺。我想，這樣的顛覆並非來自我提供的史實，因為絕大多數史實是普通的，而是因為我從財政政治角度，給出了一種相對深入、獨特的解釋，揭示出歷史的複雜與深層的祕密。

事實上，歷史就像一座巨大的圖書館，如果事先沒有掌握好圖書分類方法，就會輕易地迷失在細節中。也許在細節中能看到很多有意思的東西，並度過愉快的時光，但卻沒有辦法去掌握整體，沒有辦法向他人概括論之，也無法提出可能的建議。我利用自己學習和思考所掌握的一些政治學概念，從財政角度來把握中華史的發展，進而提出了一些有意思的分析與結論。在中國走上現代國家的途中，我想這本從財政視角再看一遍中華史的小書，應該可以幫助有心的朋友作進一步的思考。

這本小書是在我當初提交給得到公司比較書面化的文稿基礎上修訂而成的，沒有採用馬曉蓉為我編輯的更為口語化的音訊播出版本。有興趣的朋友，不妨比較一下兩者的不同。口語版更加通俗，目前的文字版更嚴謹一些。不過，總體來說，這本小書志在通俗，因此我有意識地略去了所有的文獻來源交代。僅在書末列出參考文獻。若需要更全面的文獻出處的朋友，不妨參考一下《財政中國三千年》（上海遠東出版社二〇二〇年版），在那本書裡我詳細列出了所有引用文獻的出處。

感謝你的閱讀，也敬請讀者朋友賜予寶貴的批評與建議。

劉守剛

二〇二一年二月八日

何以帝國
跟著錢走，看見不一樣的中國史

作　　者　劉守剛
封面設計　倪旻鋒
內頁排版　高巧怡
行銷企劃　江紫涓、蕭浩仰
行銷統籌　駱漢琦
業務發行　邱紹溢
營運顧問　郭其彬
責任編輯　吳佳珍
總 編 輯　李亞南
出　　版　漫遊者文化事業股份有限公司
地　　址　台北市大同區重慶北路二段88號2樓之6
電　　話　(02) 2715-2022
傳　　真　(02) 2715-2021
服務信箱　service@azothbooks.com
網路書店　www.azothbooks.com
臉　　書　www.facebook.com/azothbooks.read
營運統籌　大雁文化事業股份有限公司
地　　址　231新北市新店區北新路三段207-3號5樓
劃撥帳號　50022001
戶　　名　漫遊者文化事業股份有限公司
初版一刷　2023年11月
定　　價　新台幣450元
I S B N　978-986-489-871-8

國家圖書館出版品預行編目 (CIP) 資料

何以帝國：跟著錢走，看見不一樣的中國史／劉守剛著. -- 初版. -- 臺北市：漫遊者文化事業股份有限公司出版: 大雁文化事業股份有限公司發行，2023.11
360 面；14.8×21 公分
ISBN 978-986-489-871-8（平裝）
1.CST: 財政史 2.CST: 中國史

560.92　　112017634